MÉTHODE

POUR

ENSEIGNER PAR LA PAROLE

LA LANGUE MATERNELLE AUX SOURDS-MUETS

PAR CHARLES PERINI

PROFESSEUR A L'INSTITUTION DES SOURDS-MUETS PAUVRES
DE LA PROVINCE DE MILAN

Traduite de l'italien par une Religieuse « également versée
dans la connaissance de l'italien et du français »

PARTIE DE L'ÉLÈVE

CURRIÈRE
IMPRIMERIE DE L'ÉCOLE DES SOURDS-MUETS
1890

MÉTHODE

POUR ENSEIGNER PAR LA PAROLE

LA LANGUE MATERNELLE AUX SOURDS-MUETS

TRADUITE ET PUBLIÉE AVEC AUTORISATION DE L'AUTEUR

I

MÉTHODE

POUR

ENSEIGNER PAR LA PAROLE

LA LANGUE MATERNELLE AUX SOURDS-MUETS

PAR CHARLES PERINI

PROFESSEUR A L'INSTITUTION DES SOURDS-MUETS PAUVRES
DE LA PROVINCE DE MILAN

Traduite de l'italien par une Religieuse « également versée
dans la connaissance de l'italien et du français »

PARTIE DE L'ÉLÈVE

CURRIÈRE
IMPRIMERIE DE L'ÉCOLE DES SOURDS-MUETS
1890

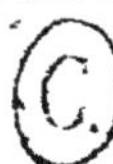

PREMIER COURS

PREMIER DEGRÉ

PREMIÈRE LEÇON.

Emploi des verbes intransitifs ou neutres, sauter, marcher, danser, souffler, crier, tourner *et* crácher, *au mode impératif.*

CHARLES ! saute.
marche.
danse.
PIERRE ! crie.
crache.
tourne.
souffle.

DEUXIÈME LEÇON.

Emploi des verbes actifs avec un nom, d'abord de personne, pour complément direct, ensuite avec un nom de chose.

JEAN ! touche Pierre.
regarde Paul.
heurte Jules.

PIERRE! embrasse Jean.
         pousse Charles.
         caresse Dominique.
JULES! ouvre la bouche.
         ferme la bouche.
         mange une dragée.
CHARLES! frappe les bancs.
         frappe les pupitres.

TROISIÈME LEÇON.

Emploi des verbes actifs avec des objets de la même espèce, distingués par leur qualité.

CHARLES! touche la table ronde.
         touche la table carrée.
JEAN! prends un cordon rouge.
         prends un cordon vert.
JULES! plie un torchon propre.
         plie un torchon sale.

QUATRIÈME LEÇON.

Les mêmes qualités en des objets différents.

JEAN! prends le ruban vert.
         prends le cordon vert..
PIERRE! ouvre le livre neuf.
         ouvre le cahier neuf.

Jules ! prends la canne longue.
prends la robe longue.

CINQUIÈME LEÇON.

Verbes employés avec la négation.

Charles ! saute.
ne saute plus.
saute encore.
Jean ! joue de la trompette.
ne joue plus de la trompette.
joue encore de la trompette.

SIXIÈME LEÇON.

Emploi du verbe faire : *1° suivi d'un substantif dérivant d'un verbe; — 2° dans le sens de construire, sans cependant employer de prépositions.*

Charles ! fais un pas.
fais une révérence.
Paul ! fais trois pas.
fais le signe de la croix.
Jean ! prends du papier buvard.
fais une barque.
défais la barque.
fais un chapeau (1).

---

(1) Il s'agit ici d'une barque en papier, d'un chapeau en papier, dont la confection est à la fois facile et amusante.

SEPTIÈME LEÇON.

Rendre compte des actions faites et vues.

PIERRE! fais une révérence.

D.   Qu'as-tu fait?

R.   J'ai fait une révérence.

JEAN! frappe les pupitres.

D.   JULES! qu'a fait Jean?

R.   Il a frappé les pupitres.

D.   JEAN! Jules a-t-il frappé les pupitres?

R.   Non, Jules n'a pas frappé les pupitres.

D.   As-tu frappé les pupitres?

R.   Oui, j'ai frappé les pupitres.

HUITIÈME LEÇON.

*Conjugaison des verbes aux personnes du singulier
du passé indéfini du mode indicatif.*

PIERRE! regarde le Ciel.

Conjugaison.

PIERRE à Dominique.

J'ai regardé le Ciel.

Tu n'as pas regardé le Ciel.

Charles n'a pas regardé le Ciel.

M. C... n'a pas regardé le Ciel.

PIERRE à son Maître.

Vous n'avez pas regardé le Ciel.

NEUVIÈME LEÇON.

Pluriel des verbes déjà employés.

CHARLES et JEAN! sautez.
     marchez.
PIERRE et JULES! touchez le crucifix.
     baisez le crucifix.
JULES! toi et moi baisons le crucifix.
   toi et moi faisons le signe de la croix.

DIXIÈME LEÇON.

Rendre compte des actions faites par deux, trois
et plusieurs élèves.

CHARLES et JEAN! faites le signe de la croix.

D. JEAN! toi et Charles qu'avez-vous fait?
R.   Charles et moi nous avons fait le signe de la croix.

PIERRE! PAUL! sonnez la clochette.

D. JEAN! Pierre et Paul qu'ont-ils fait?
R.   Pierre et Paul ont sonné la clochette.

D. Pierre! toi et Paul avez-vous secoué le tapis.

R.   Non, Paul et moi nous n'avons pas secoué le tapis.

D.   Toi et Paul qu'avez-vous fait?

R.   Paul et moi nous avons sonné la clochette.

ONZIÈME LEÇON.

Conjugaison des verbes aux personnes du pluriel.

Dominique! Jean! soufflez.

Conjugaison.

Dominique à Jean.

Toi et moi nous avons soufflé.
Nous avons soufflé.

Dominique à ses autres camarades.

Vous n'avez pas soufflé.

Dominique à son Maître.

Jules et Pierre n'ont pas soufflé.

DOUZIÈME LEÇON.

Mode indicatif. — Temps présent et passé indéfini.
Personnes du singulier.

CHARLES! saute.

D.   Qu'as-tu fait?
R.   J'ai sauté.

CHARLES! saute encore.

D.   PIERRE! maintenant que fait Charles?
R.   Maintenant Charles saute.

CHARLES! ne saute plus.

D.   Maintenant sautes-tu?
R.   Non, à présent je ne saute plus.
D.   Il y a un moment, as-tu sauté?
R.   Oui, il y a un moment, j'ai sauté.

D.   JULES! Charles saute-t-il maintenant?
R.   Non, à présent il ne saute plus.
D.   Il y a un moment, Charles a-t-il sauté?
R.   Oui, il y a un moment, il a sauté.

TREIZIÈME LEÇON.

Personnes du pluriel.

CHARLES! JULES! caressez le mouton.

D. CHARLES! maintenant toi et Jules, que faites-
vous?
R.   Maintenant Jules et moi nous ca-
ressons le mouton.

CHARLES! JULES! ne caressez plus le mouton!

D. PIERRE! maintenant Jules et Charles caressent-ils le mouton?

R. Non, maintenant Jules et Charles ne caressent pas le mouton.

D. Il y a un moment, Jules et Charles ont-ils caressé le mouton?

R. Oui, il y a un moment, Jules et Charles ont caressé le mouton.

QUATORZIÈME LEÇON.

Du Temps futur. — Personnes du singulier.

CHARLES! prends la clochette.

D. A présent sonnes-tu la clochette?

R. Non, à présent, je ne sonne pas la clochette.

CHARLES! dans un moment tu sonneras la clochette.

JULES! prends le tambour.

Dans un moment tu battras du tambour.

D. PIERRE! maintenant bats-tu du tambour?

R. Non, à présent je ne bats pas du tambour.

D.   Dans un moment battras-tu du tam-
          bour?
R.   Non, dans un moment je ne battrai pas
          du tambour.
D.   Dans un moment, qui battra du tam-
          bour?
R.   Dans un moment Jules battra du tam-
          bour.

QUINZIÈME LEÇON.

Personnes du pluriel.

PIERRE! JEAN! marchez.

D. PIERRE! toi et Jean qu'avez-vous fait?
R.   Jean et moi nous avons marché.

PIERRE et JEAN! Dans un moment vous marcherez
          encore.

D. JULES! maintenant Pierre et Jean mar-
          chent-ils?
R.   Non, maintenant Pierre et Jean ne
          marchent pas.
D.   Dans un moment, Pierre et Jean
          marcheront-ils?
R.   Oui, dans un moment, Pierre et
          Jean marcheront.

D.   JEAN! dans un moment, toi et Pierre que ferez-vous?

R.   Dans un moment, Pierre et moi nous marcherons.

D.   JULES! maintenant Pierre et Jean marchent-ils?

R.   Oui, maintenant Pierre et Jean marchent.

SEIZIÈME LEÇON.

Emploi des verbes réfléchis.

DOMINIQUE! remue la chaise.
remue-toi.
JULES! touche Charles.
touche-toi.
CHARLES! frappe Pierre.
frappe-toi.
frappe-toi la poitrine.
JEAN! frotte la table.
frotte-toi les mains.
frotte-toi les yeux.
frotte-toi le front.
JOSEPH! mouche-toi.
brosse-toi.
déboutonne-toi.
JULES! chausse-toi.
déchausse-toi.

PIERRE! peigne-toi.
agenouille-toi.
lève-toi.
baisse-toi.

DIX-SEPTIÈME LEÇON.

Rendre compte des actions.

JEAN! agenouille-toi.
lève-toi.

D.   T'es-tu agenouillé?
R.   Oui, je me suis agenouillé.

D. PIERRE! qui s'est agenouillé?
R.   Jean s'est agenouillé.

CHARLES! frappe-toi la poitrine.

D.   A présent, te frappes-tu la poitrine?
R.   Oui, à présent, je me frappe la poitrine.

D.   JEAN! il y a un moment, qui s'est frappé la
poitrine?
R.   Il y a un moment, Charles s'est frappé
la poitrine.

D. CHARLES! il y a un moment, qui s'est frappé la
poitrine?
R.   Il y a un moment, je me suis frappé la
poitrine.

DIX-HUITIÈME LEÇON.

Verbes pronominaux au pluriel.

CHARLES! DOMINIQUE! remuez la table.
                 remuez le banc.
                 remuez la chaise.
                 remuez-vous.
JEAN! JULES! frottez l'encrier.
                 frottez-vous les yeux.
PIERRE! CHARLES! frappez les bancs.
                 frappez-vous la poitrine.
JEAN! JOSEPH! grattez la brebis.
                 grattez-vous la figure.

DIX-NEUVIÈME LEÇON.

Rendre compte des actions.

PIERRE! JEAN! lavez-vous la figure.
CHARLES! JULES! brossez-vous.

D.   PIERRE! toi et Jean vous êtes-vous lavé la figure?

R.   Oui, Jean et moi nous nous sommes lavé la figure.

D. CHARLES! il y a un moment, qui s'est brossé?

R.   Il y a un moment, Jules et moi nous nous sommes brossés.

DEUXIÈME DEGRÉ

PREMIÈRE LEÇON.

Emploi des adverbes qualificatifs.

CHARLES ! marche lentement.
PIERRE ! marche vite.
JULES ! marche mal.
JEAN ! souffle fortement.
souffle légèrement.
DOMINIQUE ! brosse ton paletot vite.
JOSEPH ! brosse ton paletot lentement.
PAUL ! frappe les pupitres fortement.
frappe les pupitres doucement.

DEUXIÈME LEÇON.

Des mots : fois, aussi, seulement.

DOMINIQUE ! saute deux fois.
JULES ! saute trois fois.
JOSEPH ! sonne quatre fois la clochette.
JEAN ! fais trois fois la révérence.
PIERRE ! fais deux fois la génuflexion.

PAUL ! frappe les pupitres.
frappe aussi les bancs.

frappe seulement les pupitres.
frappe Jules.
frappe aussi Jean.

JOSEPH! remue l'encrier.
remue aussi la clochette.

D. PIERRE! maintenant que remue Joseph?
R.   Maintenant Joseph remue l'encrier et la clochette.

JOSEPH! remue seulement la clochette.

TROISIÈME LEÇON.

Emploi des demandes : Comment, combien de fois.

VICTOR! marche lentement.
PIERRE! marche vite.

D. VICTOR! as-tu marché?
R.   Oui, j'ai marché.
D.   As-tu marché vite?
R.   Non, je n'ai pas marché vite.
D.   Comment as-tu marché?
R.   J'ai marché lentement.

ADRIEN! salue deux fois.

D.   PAUL! qui a salué?
R.   Adrien a salué.
D.   Adrien a-t-il salué trois fois?
R.   Non, Adrien n'a pas salué trois fois.

D.   Combien de fois Adrien a-t-il salué?
R.   Adrien a salué deux fois.

Louis! frappe Pierre.
       frappe Charles.

D.   As-tu frappé Pierre?
R.   Oui, j'ai frappé Pierre.
D.   As-tu frappé seulement Pierre?
R.   Non, je n'ai pas frappé seulement
         Pierre.
D.   Qui as-tu frappé encore?
R.   J'ai frappé encore Charles.
D.   Combien de fois as-tu frappé Charles?
R.   J'ai frappé Charles une fois.
D.   As-tu frappé Charles fortement.
R.   Non, je n'ai pas frappé Charles forte-
         ment.
D.   Comment as-tu frappé Charles?
R.   J'ai frappé Charles légèrement.

QUATRIÈME LEÇON.

Prépositions sur, sous.

Charles! mets la clochette sur la banquette.
         mets le coupe-papier sous la banquette.
Victor! assieds-toi sur la table.
         assieds-toi sous la table.
         assieds-toi sur le tabouret.

PIERRE ! mets les ciseaux sur les cahiers.
   mets le couteau sous les cahiers.
   mets du papier buvard sur les coquetiers.
   mets un autre papier buvard sous les coquetiers.

CINQUIÈME LEÇON.

De la préposition dans.

PIERRE ! mets une plume sous le panier.
   mets un torchon sur le panier.
   verse de la poudre dans le sablier.
   mets le sablier dans le panier.
   mets le panier dans l'armoire.
   mets une plume dans la boîte.

SIXIÈME LEÇON.

Emploi du verbe aller *pris dans le sens d'aller d'un endroit
à un autre.*

CHARLES ! va sur l'escalier.
 VICTOR ! va sur la banquette.
 PIERRE ! va sous la table.
 LOUIS ! va dans la cour.
 ANDRÉ ! va dans le coin.

MES ÉLÈVES ! allons dans la cuisine.

ANDRÉ ! va à la récréation.

PIERRE! appelle André.

MES ÉLÈVES! retournons en classe.

SEPTIÈME LEÇON.

Emploi de la question : Où.

FÉLIX! va au réfectoire.

D. ANDRÉ! est-ce que Félix est allé au salon?
R. Non, Félix n'est pas allé au salon.
D. . Où est allé Félix?
R. Félix est allé au réfectoire.

MES ÉLÈVES! allons au jardin.

D. EMILE! où sommes-nous allés?
R. Nous sommes allés au jardin.

HUITIÈME LEÇON.

Prépositions : à... de...

VICTOR! prends le canif.
donne le canif à Charles.
boutonne le paletot de Pierre.
dénoue la cravate d'un Sourd-Muet.
donne-moi le crayon.
donne une plume à Monsieur G.

NEUVIÈME LEÇON.

Emploi des questions : A qui? de qui?

ANDRÉ! brosse les pantalons de Paul.

D.   As-tu brossé les pantalons de Pierre?
R.   Non, je n'ai pas brossé les pantalons de
            Pierre.
D.   De qui as-tu brossé les pantalons?
R.   J'ai brossé les pantalons de Paul.

PIERRE! Donne trois plumes à Louis.

D.   A qui as-tu donné trois plumes.
R.   J'ai donné trois plumes à Louis.

DIXIÈME LEÇON.

Des prépositions : entre, près de, devant, derrière.

PIERRE! va entre Charles et Eugène.
        mets une règle entre deux doigts.

EUGÈNE! va près de Pierre.
        va près du boulier-compteur.
        va près de la petite armoire.
        mets le chandelier près du miroir.

D.   Qu'as-tu mis près du miroir?
R.   J'ai mis le chandelier près du miroir.

CHARLES! mets l'encrier derrière le mouton.
mets le verre devant le mouton.

D. PIERRE! où Charles a-t-il mis l'encrier?
R. Charles a mis l'encrier derrière le mouton.

ONZIÈME LEÇON.

Préposition : Autour de...

FÉLIX! mets le cordon autour de l'encrier.
ANDRÉ! passe ton bras autour du cou de Louis.
PAUL! mets un ruban autour de la bouteille.
PIERRE! promène-toi autour de la classe.

DOUZIÈME LEÇON.

Préposition de, *indiquant la provenance de la chose.*

GEORGES! ôte le cierge du chandelier.
détache le crucifix du mur.
HENRI! sépare les lentilles des haricots.
mets encore les lentilles avec les haricots.
ALFRED! sors de l'école.

TREIZIÈME LEÇON.

Emploi des questions : de quelle chose, d'où.

PAUL! mets l'entonnoir dans la bouteille.
LOUIS! ôte l'entonnoir de la bouteille.

D.   PIERRE! de quelle chose Louis a-t-il ôté l'entonnoir?

R.   Louis a ôté l'entonnoir de la bouteille.

EUGÈNE! va dans la cuisine.

CHARLES! appelle Eugène.

D.   EUGÈNE! Où es-tu allé?

R.   Je suis allé à la cuisine.

D.   Où es-tu venu?

R.   Je suis venu en classe.

D.   Es-tu venu du réfectoire en classe?

R.   Non, je ne suis pas venu du réfectoire en classe.

D.   D'où es-tu venu?

R.   Je suis venu de la cuisine.

QUATORZIÈME LEÇON.

De la préposition avec.

CHARLES! prends la baguette.

frappe la table avec la baguette.

LOUIS! coupe un papier buvard avec des ciseaux.

VICTOR! coupe la ficelle avec le couteau.

BERNARD! Dans un moment tu iras dans la cour.

CHARLES! Dans un moment où ira Bernard?

Dans un moment Bernard ira dans la cour.

CHARLES! va dans la cour avec Bernard.

QUINZIÈME LEÇON.

Emploi des questions : Avec quelle chose? Avec qui?
Avec quoi?

CHARLES! ferme la porte à clé.

D.   Qui a fermé la porte?
R.   J'ai fermé la porte.
D.   Avec quoi as-tu fermé la porte?
R.   J'ai fermé la porte avec la clé.

PIERRE! joue à la balle avec Charles.

D.   ANDRÉ! Maintenant, Pierre joue-t-il à la balle?
R.   Oui, maintenant Pierre joue à la balle.
D.   Est-ce qu'il joue à la balle avec toi?
R.   Non, il ne joue pas à la balle avec moi.
D.   Avec qui Pierre joue-t-il à la balle?
R.   Pierre joue à la balle avec Charles.

SEIZIÈME LEÇON.

Des adjectifs et des pronoms démonstratifs ce, cet, celui-ci,
celui-là; celle, celle-ci, celle-là; ceux-ci, *etc.*

D. PAUL! Que t'ai-je donné?
R.   Vous m'avez donné un chandelier.
D.   Où as-tu mis le chandelier?
R.   J'ai mis le chandelier sur le poêle.

PAUL! Touche ce chandelier.

PAUL! Touche ce chandelier-ci.

PAUL! Touche ce chandelier-là.
Touche ce chandelier-ci.
Prends ce chandelier-là.
Prends ce chandelier-ci.

DIX-SEPTIÈME LEÇON.

Emploi de la demande : quel, quelle, quels, quelles.

PIERRE! sonne cette clochette-là.
CHARLES! sonne cette clochette-ci.

D.   ANDRÉ! Pierre a-t-il sonné cette clochette-ci?
R.   Non, Pierre n'a pas sonné cette clo-
chette-ci.
D.   Quelle clochette a-t-il sonnée?
R.   Pierre a sonné cette clochette-là.

DIX-HUITIÈME LEÇON.

Adjectifs possessifs.

PIERRE! touche mon gilet.
touche ton gilet.
touche le gilet de Charles.
CHARLES! prends ton crayon.
prends mon crayon.
prends le crayon de Pierre.
ANDRÉ! va à ta place.

Paul ! va à la place de Bernard.

Pierre ! Charles ! donnez-moi vos cahiers.

D. Charles ! Toi et Pierre que m'avez-vous
donné ?

R.   Pierre et moi nous vous avons
donné nos cahiers.

Pierre ! prends les cahiers de Charles.

DIX-NEUVIÈME LEÇON.

Mots exprimant la quantité : beaucoup, peu, tout, quelques-
uns. — *Divers emplois de la préposition* de.

Charles ! prends l'étui d'aiguilles.
ôte les aiguilles de l'étui.
mets les aiguilles dans une petite boîte.

donne quelques aiguilles à Pierre.

D.   As-tu donné à Pierre toutes les aiguilles ?

R.   Non, je n'ai pas donné à Pierre toutes
les aiguilles.

D.   As-tu donné à Pierre quelques aiguilles ?

R.   Oui, j'ai donné à Pierre quelques aiguilles.

RENÉ ! verse beaucoup de sable sur la table.

D. PIERRE ! Est-ce que René a versé un peu de sable sur la table?

R. Non, René n'a pas versé un peu de sable sur la table.

D. Combien de sable René a-t-il versé sur la table?

R. René a versé sur la table beaucoup de sable.

EUGÈNE ! bois un peu d'eau.

CHARLES ! bois de l'eau.

PIERRE ! bois beaucoup d'eau.

jette toute l'eau.

VINGTIÈME LEÇON.

De la préposition de *indiquant rapport de partie.*

PIERRE ! touche les jambes de Gaston.

touche les pieds de la table.

touche les pieds de la chaise.

touche les pattes de l'hirondelle.

touche la pointe des ciseaux.

CHARLES ! ouvre le tiroir de la table.

ôte un livre du tiroir de la table.

compte quelques pages du livre.

va avec le livre à la main dans un coin de la classe.

TROISIÈME DEGRÉ

PREMIÈRE LEÇON.

*Formation de jugements particuliers et généraux
avec le verbe* avoir.

GEORGES! déboutonne ton paletot.
          compte les boutons de ton paletot.

D.   Qu'as-tu compté?
R.   J'ai compté les boutons de mon paletot.
D.   Ton paletot a-t-il trois boutons?
R.   Non, mon paletot n'a pas trois boutons.
D.   Combien de boutons a ton paletot?
R.   Mon paletot a huit boutons.

PIERRE! compte les pieds de la table.

D.   Combien de pieds a la table?
R.   La table a quatre pieds.
D.   As-tu quatre pieds?
R.   Non, je n'ai pas quatre pieds.
D.   Combien de pieds as-tu?
R.   J'ai deux pieds.

D.   Les chevaux ont-ils deux pieds?
R.   Non, les chevaux n'ont pas deux pieds.
D.   Combien les chevaux ont-ils de pieds?
R.   Les chevaux ont quatre pieds.

D.   Les chevaux ont-ils des ailes?
R.   Non, les chevaux n'ont pas d'ailes.
D.   L'hirondelle a-t-elle des ailes?
R.   Oui, l'hirondelle a des ailes.
D.   Combien d'ailes a l'hirondelle?
R.   L'hirondelle a deux ailes.

DEUXIÈME LEÇON.

Formation de jugements avec le verbe être. *— Principales qualités des choses.*

PAUL! donne-moi un ruban.

D.   Ce ruban est-il noir?
R.   Non, ce ruban n'est pas noir.
D.   De quelle couleur est ce ruban?
R.   Ce ruban est vert.

D. PAUL! L'herbe est-elle blanche?
R.   Non, l'herbe n'est pas blanche.
D.   De quelle couleur est l'herbe?
R.   L'herbe est verte.

CHARLES! mets les mains devant le feu.
          touche la glace.

D.   Le feu est-il froid?
R.   Non, le feu n'est pas froid.
D.   Comment est le feu?
R.   Le feu est chaud.

D.   La glace est-elle chaude?
R.   Non, la glace n'est pas chaude.
D.   Comment est la glace?
R.   La glace est froide.
D.   La neige est-elle froide?
R.   Oui, la neige est froide.

TROISIÈME LEÇON.

Expressions génériques des choses.

CHARLES! touche une rose, un œillet, un jasmin.

D.   Qu'as-tu touché?
R.   J'ai touché une rose, un œillet, un jasmin.

CHARLES! donne-moi une pomme, une poire et une figue.

D.   Que m'as-tu donné?
R.   Je vous ai donné une pomme, une poire et une figue.

La rose est une fleur.
La pomme n'est pas une fleur.
La pomme est un fruit.
L'œillet est une fleur.
La poire n'est pas une fleur.
La poire est un fruit.
Le jasmin est une fleur.

La figue n'est pas une fleur.
La figue est un fruit.

D. CHARLES! La rose est-elle un fruit?
R.   Non, la rose n'est pas un fruit.
D.   Qu'est-ce que la rose?
R.   La rose est une fleur.
D.   Qu'est-ce que la rose, l'œillet et le jasmin?
R.   La rose, l'œillet et le jasmin sont des fleurs.

D. PIERRE! La pomme est-elle une fleur?
R.   Non, la pomme n'est pas une fleur.
D.   Qu'est-ce que la pomme?
R.   La pomme est un fruit.

PAUL! Prends les fleurs.
Mets les fleurs dans le verre.
LOUIS! prends les fruits.
mets les fruits dans le panier.

QUATRIÈME LEÇON.

Emploi du participe passé comme qualificatif.

CHARLES! prends deux torchons.
plie un torchon.
LOUIS! dénoue les cordons de tes souliers.

CHARLES! donne-moi le torchon plié.

D.	M'as-tu donné le torchon déplié?
R.	Non, je ne vous ai pas donné le torchon déplié.
D.	Quel torchon m'as-tu donné?
R.	Je vous ai donné le torchon plié.

LOUIS! touche le soulier délié.
lace le soulier.

D. PIERRE! Les souliers de Louis sont-ils lacés?
R.	Non, les souliers de Louis ne sont pas lacés.
D.	Comment sont les souliers de Louis?
R.	Les souliers de Louis sont délacés.
D.	Ton paletot est-il boutonné?
R.	Oui, mon paletot est boutonné.
D.	Ta cravate est-elle nouée?
R.	Oui, ma cravate est nouée.

CINQUIÈME LEÇON.

Emploi du verbe se tenir, exprimant les différentes positions dans lesquelles nous nous mettons.

CHARLES! assieds-toi sur la chaise.

D.	Qu'as-tu fait?
R.	Je me suis assis sur la chaise.

D.   Maintenant te tiens-tu debout?

R.   Non, maintenant je ne me tiens pas de-
         bout.

D.   Maintenant, comment te tiens-tu?

R.   Maintenant je me tiens assis.

CHARLES! Lève-toi.

D.   Maintenant te tiens-tu assis?

R.   Non, à présent je ne me tiens pas assis.

D.   Maintenant comment te tiens-tu?

R.   Maintenant je me tiens debout.

D.   Il y a un moment comment te tenais-tu?

R.   Il y a un moment, je me tenais assis.

SIXIÈME LEÇON.

Adjectifs numéraux ordinaux.

CHARLES! ôte les fruits du panier.
         mets les fruits en ligne.
         compte les fruits.

PIERRE! touche le premier fruit.
         touche le second fruit.
         touche le troisième fruit.
         touche le quatrième fruit.
         touche le cinquième fruit.
         touche le second fruit.
         touche le quatrième fruit.

D.   Le premier fruit est-il une pêche?
R.   Non, le premier fruit n'est pas une pêche.
D.   Qu'est le premier fruit?
R.   Le premier fruit est une poire.
D.   Qu'est le troisième fruit?
R.   Le troisième fruit est une prune.

SEPTIÈME LEÇON.

Les jours de la semaine.

Dimanche est le premier jour de la semaine.
Lundi est le second jour de la semaine.
    etc.   etc.   etc.

Le premier jour de la semaine s'appelle dimanche.
    etc.   etc.   etc.

D.   HENRI! Dimanche est-il le second jour de la
        semaine?
R.   Non, dimanche n'est pas le second
        jour de la semaine.
D.   Quel est le second jour de la semaine?
R.   Le second jour de la semaine c'est
        lundi.

D. CHARLES! Comment s'appelle le premier jour de la
        semaine?
R.   Le premier jour de la semaine s'appelle
        dimanche.

D. PIERRE! Est-ce que les jours de la semaine sont au nombre de six?

R. Non, les jours de la semaine ne sont pas au nombre de six.

D. Quel est le nombre des jours de la semaine?

R. Le nombre des jours de la semaine est de sept.

HUITIÈME LEÇON.

Parties du jour, et emploi des adverbes de temps :
Aujourd'hui, hier, demain.

D. LÉON! Ce matin, as-tu mangé du pain avec du lait?

R. Oui, ce matin, j'ai mangé du pain avec du lait.

D. Hier au soir, est-ce que tu mangeas du pain avec du salé?

R. Oui, hier au soir je mangeai du pain avec du salé.

D. Ce soir, mangeras-tu du pain avec des figues?

R. Oui, ce soir je mangerai du pain avec des figues.

D. Demain matin, mangeras-tu du pain avec du fromage?

R. Oui, demain matin je mangerai du pain avec du fromage.

D.   PIERRE! Aujourd'hui, est-ce dimanche?

R.   Non, aujourd'hui, ce n'est pas dimanche.

D.   Aujourd'hui, quel jour est-ce?

R.   Aujourd'hui, c'est lundi.

D.   Hier, était-ce mardi?

R.   Non, hier, ce n'était pas mardi.

D.   Hier, quel jour était-ce?

R.   Hier, c'était dimanche.

D.   Demain, quel jour sera-ce?

R.   Demain, ce sera mardi.

NEUVIÈME LEÇON.

De l'année et des mois.

Janvier est le premier mois de l'année.

Février est le second mois de l'année.

   etc.   etc.   etc.

Le premier mois de l'année s'appelle janvier.

   etc.   etc.   etc.

D. ANTOINE! Est-ce que février est le premier mois de l'année?

R.   Non, le premier mois de l'année n'est pas février.

D.   Quel est le premier mois de l'année?

R.   Le premier mois de l'année est janvier.

       etc.   etc.

CHARLES! compte les jours du mois de janvier.

D.   Combien le mois de janvier a-t-il de jours?

R.   Le mois de janvier a trente et un jours.

PIERRE! compte les mois de l'année.

D.   Combien l'année a-t-elle de mois?

R.   Une année a douze mois.

MES ENFANTS! comptons les jours de cette année.

D.   HENRI! Cette année, combien de jours a-t-elle?

R.   Cette année a 365 jours.

QUATRIÈME DEGRÉ

PREMIÈRE LEÇON.

*Transmettre des ordres au moyen des verbes sans aucun
complément.*

CHARLES! ordonne à Pierre de sauter.

D. CHARLES! Pierre a-t-il sauté?
R.   Oui, Pierre a sauté.
D.   Est-ce que j'ai ordonné à Pierre de sauter.
R.   Non, vous n'avez pas ordonné à Pierre de sauter.
D.   Qui a ordonné à Pierre de sauter?
R.   J'ai ordonné à Pierre de sauter.

DEUXIÈME LEÇON.

Verbes actifs employés avec un complément.

HENRI! sonne la clochette.

D. PIERRE! Qui a ordonné à Henri de sonner la clochette?
R.   Vous avez ordonné à Henri de sonner la clochette.

Pierre! ordonne à Henri de sonner encore la
clochette.

D.   Qu'as-tu fait?

R.   J'ai ordonné à Henri de sonner encore
la clochette.

D.   Henri a-t-il sonné la clochette?

R.   Oui, Henri a sonné la clochette.

TROISIÈME LEÇON.

Verbes réfléchis.

Gabriel! ordonne à Charles de se brosser.

D.   Qu'as-tu ordonné à Charles?

R.   J'ai ordonné à Charles de se
brosser.

Victor! Charles! agenouillez-vous.

D. Victor! Qui a ordonné à Charles et à toi
de vous agenouiller?

R.   Vous avez ordonné à Charles et à
moi de nous agenouiller.

D. Charles! Qui t'a ordonné de t'agenouiller?

R.   Vous m'avez ordonné de m'agenouiller.

QUATRIÈME LEÇON.

Emploi des adverbes, des prépositions et des adjectifs enseignés dans les leçons précédentes.

PIERRE! ordonne à Charles de s'asseoir sur la table.

PAUL! ordonne à René de mettre les mains dans sa poche.

RENÉ! ordonne à Charles, à Paul et à Pierre d'aller dans la salle des jeux.

LOUIS! ordonne à Paul de brosser mes pantalons.

RENÉ! ordonne à Bernard d'aller entre le tabouret de Charles et celui de Pierre.

BERNARD! ordonne à René de courir autour de la table.

RENÉ! ordonne à Bernard d'ôter la montre de la poche de mon gilet.

PIERRE! ordonne à un élève de tailler ton crayon avec mon canif.

D. A qui as-tu ordonné de tailler ton crayon?

R. J'ai ordonné à René de tailler mon crayon.

D. Que taille René à présent?

R. Maintenant René taille mon crayon.

D.   Avec quoi taille-t-il ton crayon.

R.   Il taille mon crayon avec votre canif.

CINQUIÈME LEÇON.

Emploi de la négation.

GASTON! joue à la balle avec Charles.

D.   PIERRE! Avec qui Gaston joue-t-il à la balle?

R.   Gaston joue à la balle avec Charles.

D.   Qui a ordonné à Gaston de jouer à la balle avec Charles!

R.   Vous avez ordonné à Gaston de jouer à la balle avec Charles.

D.   Maintenant Gaston joue-t-il encore?

R.   Oui, maintenant Gaston joue encore.

PIERRE! ordonne à Gaston de ne plus jouer.

D.   Qu'as-tu ordonné à Gaston?

R.   J'ai ordonné à Gaston de ne plus jouer.

D.   Maintenant, Gaston joue-t-il encore.

R.   Non, maintenant Gaston ne joue plus.

SIXIÈME LEÇON.

Du verbe demander.

PIERRE! prends ton porte-plume.
donne-moi ton porte-plume.

D.   T'ai-je demandé ton mouchoir?
R.   Non, vous ne m'avez pas demandé mon
        mouchoir.
D.   Que t'ai-je demandé?
R.   Vous m'avez demandé mon porte-plume.
D.   Que m'as-tu donné?
R.   Je vous ai donné mon porte-plume.

PIERRE! demande à Charles son mouchoir.

L'élève.

CHARLES! donne-moi ton mouchoir.

Le maître.

PIERRE! demande-moi mon mouchoir.

L'élève.

MONSIEUR! donnez-moi votre mouchoir.

SEPTIÈME LEÇON.

Du verbe prier.

LÉON! dénoue ta cravate.

D.   Qu'as-tu fait?
R.   J'ai dénoué ma cravate.

LÉON! prie Charles de nouer la cravate.

L'élève.

.CHARLES! noue ma cravate, je te prie.

Le maître.

D.   Tu as prié Charles de faire quoi?
R.   J'ai prié Charles de nouer ma cravate.

PIERRE! prie-moi de te montrer ma montre.

L'élève.

MONSIEUR! je vous prie de me montrer votre montre.

Le maître.

D.   Que t'ai-je montré?
R.   Vous m'avez montré votre montre.

HUITIÈME LEÇON.

Emploi des pronoms : lui, leur, *etc. comme complément.*

D.   RENÉ! Ton paletot est-il neuf?
R.   Non, mon paletot n'est pas neuf.
D.   Comment est ton paletot?
R.   Mon paletot est vieux.

RENÉ! prie Eugène de te donner un paletot neuf.

L'élève.

Eugène ! donne-moi un paletot neuf, je te prie.

Le maître.

D. Eugène ! René t'a prié de faire quoi?

R.   René m'a prié de lui donner un pa-
        letot neuf.

Pierre ! René ! priez Charles de vous lier les mains.

Les deux élèves.

Charles ! nous te prions de nous lier les
        mains.

Le maître.

D. Charles ! Pierre et René t'ont prié de faire
        quoi?

R.   Pierre et René m'ont prié de leur
        lier les mains.

NEUVIÈME LEÇON.

Transmettre les questions : Quelle chose? Qui? Comment?
Combien de fois? Où? A qui? Combien? De quoi? De
quelle chose? Avec quoi? Avec qui? Quel?

René ! cours.

Victor ! caresse René.

Charles ! prends le sablier.

PIERRE! Demande à René ce qu'il a fait,

L'élève.

D.   RENÉ! qu'as-tu fait?
R.   J'ai couru.

Le maître.

EUGÈNE! demande à Victor qui il a caressé.

L'élève.

D.   VICTOR! Qui as-tu caressé?
R.   J'ai caressé René.

Le maître.

CHARLES! demande à Pierre ce que tu as pris.

L'élève.

D.   PIERRE! Qu'ai-je pris?
R.   Tu as pris le sablier.

Le maître.

LÉON! marche courbé.
CHARLES! marche droit.

PIERRE! demande à Victor comment a marché
Léon.

L'élève.

D. Victor! Comment Léon a-t-il marché?
R. Léon a marché courbé.

DIXIÈME LEÇON.

Du si interrogatif.

Charles! agenouille-toi.
lève-toi.

D. Pierre! Maintenant, Charles est-il à genoux?
R. Non, maintenant Charles n'est pas à genoux.

Pierre! demande à Charles si, il y a un moment, il a été à genoux.

L'élève.

D. Charles! Il y a un moment, as-tu été à genoux?
R. Oui, il y a un moment, j'ai été à genoux.

ONZIÈME LEÇON.

Faire exprimer des demandes concernant les parties et les qualités des choses.

Antoine! brosse les vêtements de Charles.

demande à Charles si son paletot est propre.

L'élève.

D. Charles! Ton paletot est-il propre?
R.   Oui, mon paletot est propre.

Le maître.

D. Charles! Que t'a demandé Antoine?
R.   Antoine m'a demandé si mon patelot est propre.
D.   Que lui as-tu répondu?
R.   Je lui ai répondu que mon paletot est propre.

Antoine! demande à Charles si ses pantalons sont neufs.

L'élève.

D. Charles! Tes pantalons sont-ils neufs?
R.   Non, mes pantalons ne sont pas neufs.

Le maître.

Antoine! demande-lui comment sont ses pantalons.

L'élève.

D. Charles! Comment sont tes pantalons?
R.   Mes pantalons sont vieux.

Le maître,

D. Antoine! Les pantalons de Charles sont-ils courts?

R.   Non, les pantalons de Charles ne sont pas courts.

Antoine! demande-lui s'ils sont longs.

L'élève.

D. Charles! Tes pantalons sont-ils longs?

R.   Oui, mes pantalons sont longs.

CINQUIÈME DEGRÉ

PREMIÈRE LEÇON.

Faire exécuter des ordres avec le verbe aller *suivi d'un infinitif.*

Victor! va prendre une assiette à la cuisine.
Charles! va boire un peu d'eau à la pompe.

Louis! Henri! allez ouvrir les fenêtres du réfectoire.

Pierre! ordonne à René d'aller au jardin cueillir quelques fleurs.
Charles! va faire coudre ton pantalon.
Pierre! va te faire soigner le doigt.
Henri! va te faire bander la main.
Victor! va te faire couper les cheveux.

DEUXIÈME LEÇON.

Du verbe faire *dans le sens d'exciter, d'occasionner.*

Charles! fais rire Henri.
fais tomber le coupe-papier.
fais tourner l'étui d'aiguilles.
fais remuer la lampe.
fais danser une marionnette.

TROISIÈME LEÇON.

De la locution : Faire semblant.

D. PIERRE! Ecris-tu maintenant?
R. Non, maintenant je n'écris pas.

PIERRE! fais semblant d'écrire.

D. CHARLES! Pierre écrit-il?
R. Non, il n'écrit pas.
D. Que fait Pierre?
R. Pierre fait semblant d'écrire.

VICTOR! fais semblant de pleurer.
JOSEPH! fais semblant de rire.
CHARLES! fais semblant d'éternuer.
PIERRE! fais semblant de bailler.
EMILE! fais semblant de dormir.

QUATRIÈME LEÇON.

Faire distinguer le fait vrai du faux.

EMILE! fais semblant d'écrire ton nom sur
l'ardoise.

PIERRE! écris réellement ton nom sur l'ardoise.

D. CHARLES! Emile écrit-il?
R. Non, Emile n'écrit pas.

D.	Que fait Emile?
R.	Emile fait semblant d'écrire.
D.	Pierre a-t-il fait semblant d'écrire?
R.	Non, il n'a pas fait semblant d'écrire.
D.	Qu'a fait Pierre?
R.	Pierre a écrit réellement.

CINQUIÈME LEÇON.

Emploi de la demande : Où est-il?

Charles! va dans le vestibule.

D.	Pierre!	Charles est-il en classe?
R.		Non, Charles n'est pas en classe.
D.		Où est Charles?
R.		Charles est dans le vestibule.
D.		Qui a ordonné à Charles d'aller dans le vestibule?
R.		Vous avez ordonné à Charles d'aller dans le vestibule.

Pierre! appelle Charles.

D.	Maintenant, Charles est-il dans le vestibule?
R.	Non, maintenant Charles n'est pas dans le vestibule.
D.	Où est Charles à présent?
R.	A présent, Charles est en classe.

Victor! toi et moi allons dans la cour.

retournons en classe.

D.   Maintenant, sommes-nous dans la cour?

R.   Non, maintenant nous ne sommes pas dans la cour.

D.   Où sommes-nous maintenant?

R.   Maintenant, nous sommes en classe.

D.   Avant, où étions-nous?

R.   Avant, nous étions dans la cour.

SIXIÈME LEÇON.

Des pronoms relatifs : Qui, que, *exprimant la chose par la place qu'ils occupent.*

Charles! mets une plume sur le poële.

Pierre! mets une plume sous le poële.

Victor! donne à Eugène la plume qui est sous le poële.

ordonne à Eugène de mettre dans le panier la plume que tu lui as donnée.

L'élève.

Eugène! mets dans le panier la plume que je t'ai donnée.

Le maître.

Charles! prends deux balles.

D.   Combien de balles as-tu dans la main?

R.   J'ai deux balles dans la main.

CHARLES! donne une balle à Pierre.

D.   Maintenant, combien de balles as-tu dans la main?

R.   Maintenant, j'ai une balle dans la main.

D.   Avant, combien de balles avais-tu dans la main

R.   Avant, j'avais deux balles dans la main.

CHARLES! ôte à Pierre la balle qu'il a dans la main.

D.   Qu'as-tu ôté à Pierre?

R.   Je lui ai ôté la balle qu'il avait en main.

SEPTIÈME LEÇON.

De la locution : *Il y a.*

LOUIS! mets un bouton dans la petite boîte ovale.

mets un haricot dans la petite boîte ronde.

D. PIERRE! Y a-t-il un haricot dans la petite boîte ovale?

R.   Non, il n'y a pas de haricot dans la petite boîte ovale.

D.   Qu'est-ce qu'il y a dans la petite boîte ovale?

R.   Dans la petite boîte ovale, il y a un bouton.

D.   PIERRE! Combien y a-t-il de bancs dans cette salle de classe?

R.   Dans cette salle de classe, il y a huit bancs.

D.   Combien y a-t-il d'ardoises contre ce mur?

R.   Il y a quatre ardoises contre ce mur.

D. CHARLES! Qu'est-ce qu'il y a au milieu de cette classe?

R.   Au milieu de cette classe, il y a la table.

D.   Qu'est-ce qu'il y a sur la table?

R.   Sur la table, il y a un encrier et quelques cahiers.

HUITIÈME LEÇON.

Du verbe voir.

D. LÉON! Cette petite boîte est-elle ouverte?
R.   Non, elle n'est pas ouverte.
D.   Comment est cette petite boîte?
R.   Cette petite boîte est fermée.

Dans cette petite boîte, il y a un oiseau.

D. LÉON! As-tu vu l'oiseau qui est dans cette petite boîte?

R. Non, Monsieur.

LÉON! viens voir l'oiseau qui est dans cette petite boîte.

D. Qu'as-tu vu?

R. J'ai vu un oiseau.

D. Tes camarades ont-ils vu l'oiseau qui est dans cette petite boîte?

R. Non, Monsieur.

D. Est-ce que l'oiseau qui est dans cette boîte est vivant?

R. Non, il n'est pas vivant.

D. Comment est-il?

R. Il est mort.

D. Est-ce que l'oiseau qui est dans cette petite boîte a les plumes noires?

R. Non, il n'a pas les plumes noires.

D. Comment a-t-il les plumes?

R. Il a les plumes jaunes.

D. CHARLES! As-tu ton père?

R. Oui, j'ai mon père.

D. Ton père est-il vieux?

R. Non, il n'est pas vieux.

D. Comment est ton père?

R. Mon père est jeune.

D. Ton père habite-t-il à Paris?

R. Non, il n'habite pas à Paris.

D.   Où habite-t-il?

R.   Il habite à Lyon.

D.   Comment s'appelle ton père?

R.   Il s'appelle François.

D.   Comment s'appelle ta mère?

R.   Ma mère s'appelle Marie.

D.   As-tu des frères?

R.   Oui, j'ai des frères.

D.   Combien de frères as-tu?

R.   J'ai deux frères.

D.   Comment s'appelle le premier?

R.   Le premier s'appelle Jules.

D.   Comment s'appelle le second?

R.   Le second s'appelle Emile.

D.   Ai-je vu tes frères?

R.   Non, vous n'avez pas vu mes frères.

D.   En quelle année est né ton frère Jules?

R.   Mon frère Jules est né dans l'année 1865.

D.   Où est né ton frère Jules?

R.   Mon frère Jules est né à Lyon.

      etc.   etc.

NEUVIÈME LEÇON.

De la préposition de indiquant la matière dont les choses sont faites.

CHARLES! montre à tes camarades un morceau de bois.

montre à tes camarades un morceau
de fer,

montre à tes camarades un morceau
de laiton.

montre à tes camarades un morceau
de cuivre,

montre à tes camarades un morceau
de pain,

touche la table,

D.   Qu'as-tu touché?
R.   J'ai touché la table,
D.   Combien de pieds a cette table?
R.   Cette table a quatre pieds,
D.   Le tiroir de cette table a-t-il une ser-
rure?
R.   Oui, il a une serrure.
D.   Cette table est-elle neuve?
R.   Non, Monsieur.
D.   Cette table est-elle ronde?
R.   Non, cette table n'est pas ronde.
D.   Comment est cette table?
R.   Cette table est carrée.
D.   Est-elle de fer?
R.   Non, elle n'est pas de fer.
D.   De quoi est-elle?
R.   Elle est de bois.

D.   Pierre! As-tu des souliers?
R.   Oui, j'ai des souliers.
D.   Tes souliers sont-ils propres?
R.   Non, Monsieur.
D   Comment sont tes souliers?
R.   Mes souliers sont sales.
D.   Tes souliers sont-ils de papier?
R.   Non, mes souliers ne sont pas de pa-
           pier.
D.   De quoi sont tes souliers?
R.   Mes souliers sont de peau.

DIXIÈME LEÇON.

Connaissance des principaux métiers.

Pierre! fais un nœud à ton mouchoir.

Jules! fais un chapeau avec du papier.

Charles! fais une cabane avec tes cahiers.

Antoine! fais une croix avec deux morceaux de bois.

Joseph! fais la pointe de la baguette avec ton cou-
       teau.

Pierre! brosse ton paletot.

D.   Ton paletot est-il neuf?
R.   Non, Monsieur.
D.   Comment est ton paletot?
R.   Mon paletot est vieux.

D. En quoi est ton paletot?

R. Mon paletot est de drap.

D. Qui a fait ton paletot?

R. Le tailleur a fait mon paletot.

D. Les paletots sont-ils des meubles?

R. Non, ils ne sont pas des meubles.

D. Qu'est-ce que des paletots?

R. Les paletots sont des vêtements.

D. De quoi est ma veste?

R. Elle est d'étoffe.

D. Qu'est-ce que la veste?

R. La veste est un vêtement.

D. Qui fait les vêtements?

R. Le tailleur fait les vêtements.

D. Est-ce que le tailleur est un meuble?

R. Non, Monsieur.

D. Qu'est-ce qu'un tailleur?

R. Le tailleur est une personne.

D. Est-ce que je suis tailleur?

R. Non, vous n'êtes pas tailleur.

D. Es-tu tailleur?

R. Oui, je suis tailleur.

D. Dans la ville de Paris, y a-t-il beaucoup de tailleurs?

R. Oui, dans la ville de Paris il y a beaucoup de tailleurs.

ONZIÈME LEÇON.

Du verbe savoir.

D. CHARLES! Sais-tu écrire?
R.   Oui, je sais écrire.
D.   Le chat sait-il écrire?
R.   Non, il ne sait pas écrire.
D.   Sais-tu parler?
R.   Oui, je sais parler.
D.   Qui t'a enseigné à parler?
R.   Vous m'avez enseigné à parler.
D.   Qui t'a enseigné à écrire?
R.   Vous m'avez enseigné à écrire.
D.   Sais-tu réciter l'*Ave, Maria?*
R.   Oui, je sais réciter l'*Ave, Maria.*

CHARLES! demande à Pierre s'il sait faire le signe
de la croix.

L'élève.

D.   PIERRE! Sais-tu faire le signe de la croix?
R.   Oui, je sais faire le signe de la croix.

Le maître.

D.   JULES! Sais-tu marcher?
R.   Oui, je sais marcher.
D.   Qui t'a enseigné à marcher?
R.   Maman m'a enseigné à marcher.

DOUZIÈME LEÇON.

Matières et instruments avec lesquels on fait les choses.

D. ERNEST! Qui a fait ton gilet?

R.   Le tailleur a fait mon gilet.

D.   Qu'a employé le tailleur pour faire ton gilet?

R.   Pour faire mon gilet, le tailleur a employé du drap.

D.   Pour faire ton gilet, est-ce que le tailleur a aussi employé du fil?

R.   Oui, il a aussi employé du fil.

D.   A quel instrument enfile-t-on le fil?

R.   Le fil est enfilé dans l'aiguille.

D.   Que fait le tailleur avec l'aiguille enfilée?

R.   Avec l'aiguille enfilée le tailleur coud.

D.   Sais-tu coudre?

R.   Non, je ne sais pas coudre.

D.   Ta mère sait-elle coudre?

R.   Oui, ma mère sait coudre.

D.   As-tu vu ta mère coudre?

R.   Oui, j'ai vu ma mère coudre.

D.   Tu as vu ta mère coudre quoi?

R.   J'ai vu ma mère coudre du linge.

D.   Ta mère sait-elle repasser le linge?

R.   Oui, ma mère sait repasser le linge.

D.   Qui repasse le linge?

R.   C'est la repasseuse qui repasse linge.

TREIZIÈME LEÇON.

L's quatre saisons.

D. VICTOR! Aujourd'hui est-ce lundi?

R. Non, Monsieur.

D. Quel jour est-ce aujourd'hui?

R. Aujourd'hui, c'est mardi.

D. Aujourd'hui, est-ce le 2 du mois?

R. Non, ce n'est pas le 2 du mois.

D. Le combien du mois sommes-nous aujourd'hui?

R. Aujourd'hui, nous sommes le 6.

D. Aujourd'hui fait-il froid?

R. Oui, aujourd'hui il fait froid.

D. Dans le mois de juin, fait-il froid?

R. Non, dans le mois de juin, il ne fait pas froid.

D. Comment fait-il dans le mois de juin?

R. Dans le mois de juin, il fait chaud.

D. Dans le mois de juin, fait-il très chaud?

R. Oui, dans le mois de juin, il fait très chaud.

D. En quels mois fait-il très chaud?

R. Il fait très chaud dans les mois de juin, de juillet et d'août.

D. Dans quels mois fait-il très froid?

R. Il fait très froid dans les mois de décembre, janvier et février.

L'hiver commence le 21 décembre.

En hiver, il fait très froid.

L'hiver se termine le 20 du mois de mars.

D. Gustave! Quel jour commence la saison de l'hiver?

R. La saison de l'hiver commence le 21 décembre.

D. En hiver, fait-il chaud?

R. Non, Monsieur.

D. Comment fait-il en hiver?

R. Il fait très froid.

       etc.   etc.

Le printemps commence le 21 mars.

Au printemps, il ne fait ni froid, ni chaud.

Le printemps est une belle saison.

Il se termine le 21 juin.

QUATORZIÈME LEÇON.

Verbes impersonnels.

D. Edouard! Aujourd'hui, fait-il froid?

R. Oui, aujourd'hui il fait froid.

D. Aujourd'hui, pleut-il?

R. Non, aujourd'hui il ne pleut pas.

D. Hier, pleuvait-il?

R. Non, hier il ne pleuvait pas.

D. Hier, faisait-il beau temps?

R. Oui, hier il faisait beau temps.

D.	Demain, fera-t-il beau temps?
R.	Je ne le sais pas.
D.	En été, neige-t-il?
R.	Non, en été il ne neige pas.
D.	En quelle saison neige-t-il?
R.	Il neige dans la saison de l'hiver.
D.	En quelle saison grêle-t-il?
R.	Il grêle en la saison de l'été.
D.	As-tu vu grêler?
R.	Oui, Monsieur.
D.	La grêle est-elle froide?
R.	Oui, Monsieur.
D.	La grêle est-elle molle?
R.	Non, Monsieur.
D.	Comment est la grêle?
R.	La grêle est dure.
D.	Que ruine la grêle?
R.	La grêle ruine la campagne.

QUINZIÈME LEÇON.

Division des choses.

EDOUARD! prends une feuille de papier.
divise la feuille de papier en deux parties.

CHARLES! divise une pomme en quatre parties.

VICTOR! divise une poire en huit parties.

D.   En combien de parties as-tu divisé
            la poire?

R.   J'ai divisé la poire en huit parties.

VICTOR! donne la moitié de la poire à
            Charles.

D. CHARLES! En combien de parties est divisée
            cette moitié de poire?

R.   Cette moitié de poire est divisée en
            quatre parties.

PIERRE! demande à Edouard la feuille de pa-
            pier qu'il a divisée.

L'élève.

EDOUARD! donne-moi la feuille de papier que
            tu as partagée.

Le maître.

PIERRE! donne une demi-feuille de papier à
            Victor, et l'autre demi-feuille à
            André.

ANDRÉ! VICTOR! partagez la demi-feuille en deux
            parties.

ANDRÉ! donne-moi un quart de la feuille.
            donne-moi aussi l'autre quart.

D.   Combien de quarts de feuille m'as-tu donnés?

R.   Je vous ai donné deux quarts de feuille.

D.   CHARLES! Combien de quarts de feuille as-tu mis sur la table?

R.   J'ai mis sur la table deux quarts de feuille.

D.   Deux quarts de feuilles font-ils une feuille entière?

R.   Non, Monsieur.

D.   Deux quarts de feuille, que font-ils?

R.   Deux quarts de feuille font une demi-feuille.

       etc.   etc.   etc.

SEIZIÈME LEÇON.

Connaissance des heures.

MES ÉLÈVES! Maintenant, il est neuf heures.

       Nous sommes entrés dans la salle de classe à neuf heures.

Maintenant, il est neuf heures.
Maintenant, il est neuf heures et une minute.
    etc.   etc.   etc.

D. Charles! Maintenant, quelle heure est-il?

R.   Maintenant, il est dix heures.

D.   Combien de minutes y a-t-il dans une heure?

R.   Dans une heure, il y a soixante minutes.

D.   A quelle heure viens-tu en classe?

R.   Je viens en classe à neuf heures.

D.   A quelle heure vas-tu au réfectoire pour dîner?

R.   Je vais au réfectoire pour dîner à une heure et demie.

D.   A quelle heure vas-tu te coucher?

R.   Je vais me coucher à neuf heures.

D.   Vas-tu te coucher à neuf heures du matin?

R.   Non, Monsieur.

D.   Vas-tu te coucher à neuf heures du soir?

R.   Oui, je vais me coucher à neuf heures du soir.

DIX-SEPTIÈME LEÇON.

Les actions que les personnes font le plus ordinairement.

D.   Louis! Est-ce que tu marches avec les mains?

R.   Non, Monsieur.

D.   Avec quoi marches-tu?

R.   Je marche avec les pieds.

D.   Avec quoi manges-tu?

R.   Je mange avec la bouche.

D.   Avec quoi mâches-tu la nourriture?

R.   Je mâche la nourriture avec les dents.

D.   Avec quoi vois-tu?

R.   Je vois avec les yeux.

D.   Avec quoi est-ce que j'entends?

R.   Vous entendez avec les oreilles.

D.   Avec quoi marchent les personnes?

R.   Les personnes marchent avec les pieds.

D.   Avec quoi voient les personnes?

R.   Les personnes voient avec les yeux.

D.   Avec quoi entendent les personnes?

R.   Les personnes entendent avec les oreil-
          les.

D.   Avec quoi les personnes sentent-elles?

R.   Elles sentent avec le nez.

D.   Avec quoi les personnes goûtent-elles
          la saveur des aliments?

R.   Les personnes goûtent la saveur des
          aliments avec le palais.

D.   Avec quoi les personnes gesticulent-
          elles?

R.   Les personnes gesticulent avec les
          mains.

D. ERNEST! Sais-tu parler?

R. Oui, Monsieur.

D. Sais-tu écrire?

R. Oui, Monsieur.

D. Qui t'a enseigné à parler?

R. Vous m'avez enseigné à parler.

D. Qui t'a enseigné à écrire?

R. Vous m'avez enseigné à écrire.

D. Ici, dans l'Institution, y a-t-il beaucoup de Sourds-Muets?

R. Oui, Monsieur.

D. Combien de Sourds-Muets y a-t-il dans l'Institution?

R. Dans l'Institution, il y a soixante-quatre Sourds-Muets.

D. Les Sourds-Muets apprennent-ils tous à parler?

R. Oui, ils apprennent tous à parler.

D. Est-ce que j'enseigne à parler à tous les Sourds-Muets?

R. Non, Monsieur.

D. A combien de Sourds-Muets est-ce que j'enseigne à parler?

R. Vous enseignez à parler à huit Sourds-Muets.

D. Ici, dans l'Institution, combien de personnes enseignent à parler aux Sourds-Muets?

R.   Dix personnes enseignent à parler aux Sourds-Muets.

D.   Comment s'appellent les personnes qui enseignent à parler aux Sourds-Muets?

R.   Les personnes qui enseignent à parler aux Sourds-Muets s'appellent maîtres.

D.   Qu'enseignent les maîtres aux Sourds-Muets?

R.   Ils leur enseignent à parler.

D.   Est-ce que les maîtres enseignent aux Sourds-Muets seulement à parler?

R.   Non, Monsieur.

D.   Qu'enseignent-ils encore aux Sourds-Muets?

R.   Ils leur enseignent aussi à écrire.

D. Joseph! Où les Sourds-Muets apprennent-ils à parler?

R.   Les Sourds-Muets apprennent à parler en classe.

D.   Que font les Sourds-Muets en classe?

R.   En classe, les Sourds-Muets apprennent à parler.

D.   Les Sourds-Muets apprennent-ils seulement à parler?

R.   Non, Monsieur.

D. Qu'est-ce qu'ils apprennent encore?

R. Ils apprennent aussi à écrire.

D. Que font les Sourds-Muets à l'église?

R. A l'église, les Sourds-Muets récitent des prières.

D. Que font les Sourds-Muets au dortoir?

R. Les Sourds-Muets, au dortoir, dorment.

D. Où se couchent les Sourds-Muets?

R. Les Sourds-Muets se couchent dans leur lit.

D. Que font les Sourds-Muets au réfectoire?

R. Les Sourds-Muets, au réfectoire, mangent.

D. Combien de fois par jour les Sourds-Muets mangent-ils?

R. Les Sourds-Muets mangent trois fois par jour.

D. Que font les Sourds-Muets pendant la récréation?

R. Les Sourds-Muets jouent pendant la récréation.

D. CHARLES! Le matin, à quelle heure se lèvent les Sourds-Muets?

R. Ils se lèvent à cinq heures.

D.   Le matin, à quelle heure les Sourds-
      Muets vont-ils à l'église?

R.   Ils vont à l'église à cinq heures et
      demie.

D.   A quelle heure les Sourds-Muets vont-
      ils déjeuner?

R.   Ils vont déjeuner à sept heures.

D.   A quelle heure vont-ils en classe le
      matin?

R.   Ils vont en classe à neuf heures.

D.   Combien d'heures les Sourds-Muets
      restent-ils en classe?

R.   Ils restent en classe cinq heures.

D.   A quelle heure les Sourds-Muets vont-
      ils à l'atelier pour travailler?

R.   Ils vont à l'atelier pour travailler à
      trois heures.

DIX-HUITIÈME LEÇON.

Les actions des animaux.

D. Victor! Le chat est-il un oiseau?
R.   Non, Monsieur.
D.   Qu'est-ce que le chat?
R.   Le chat est un quadrupède.
D.   Le chat parle-t-il?
R.   Non, le chat ne parle pas.

D.   Que fait le chat?

R.   Le chat miaule.

D.   Que prend le chat?

R.   Le chat prend les rats.

D.   Ici, dans l'Institution, y a-t-il des chats?

R.   Oui, Monsieur.

D.   Combien de chats y a-t-il ici, dans l'Institution?

R.   Ici, dans l'Institution, il y a deux chats.

D. CHARLES!   Qu'est-ce que l'hirondelle?

R.   L'hirondelle est un oiseau.

D.   Combien d'ailes a l'hirondelle?

R.   L'hirondelle a deux ailes.

D.   Que fait l'hirondelle avec ses ailes?

R.   L'hirondelle vole avec ses ailes.

D.   L'hirondelle mange-t-elle du millet?

R.   Non, l'hirondelle ne mange pas de millet.

D.   Que mange l'hirondelle?

R.   L'hirondelle mange les insectes.

D.   Où l'hirondelle fait-elle son nid?

R.   L'hirondelle fait son nid sous les toits des maisons, sous les portiques et sous les balcons.

D.   Avec quoi l'hirondelle fait-elle son nid?

R.   L'hirondelle fait son nid avec de la boue et des brins de paille.

D.   Que fait l'hirondelle dans son nid?
R.   L'hirondelle fait des œufs dans son nid.
D.   Qu'est-ce qui naît des œufs?
R.   Des œufs naissent les petites hiron-
          delles.

D.   JULES! Les oiseaux volent-ils?
R.   Oui, ils volent tous.
D.   Avec quoi volent les oiseaux?
R.   Les oiseaux volent avec les ailes.
D.   Les animaux quadrupèdes volent-ils?
R.   Non, Monsieur.
D.   Les animaux quadrupèdes, que font-ils?
R.   Les animaux quadrupèdes marchent.

D.   Les reptiles marchent-ils?
R.   Non, Monsieur.
D.   Que font les reptiles?
R.   Les reptiles rampent.

SIXIÈME DEGRÉ

PREMIÈRE LEÇON.

*Inviter un élève à dire à un autre les actions qu'on fait,
ou qui ont été faites, ou qui se feront.*

Pierre! nettoie mon encrier.

Jules! verse du sable dans le sablier de mon
encrier.

Charles! dis à Victor que, maintenant, Pierre
nettoie mon encrier.

L'élève.

Victor! Maintenant, Pierre nettoie l'encrier de
M. le Professeur.

Le maître.

Etienne! dis à Jules qu'il y a un moment il a
versé du sable dans le sablier de
mon encrier.

L'élève.

Jules! Il y a un moment, tu as versé du sable
dans le sablier de M. le Professeur.

Le maître.

Etienne! dis à tes camarades qu'à onze heures et demie nous irons à la récréation.

L'élève.

Camarades! A onze heures et demie, nous irons à la récréation.

DEUXIÈME LEÇON.

Faire rendre compte aux élèves de ce qu'ils disent.

Victor! dis à Pierre qu'il y a un moment Charles n'a pas été attentif.

L'élève.

Pierre! Il y a un moment, Charles n'a pas été attentif.

Le maître.

Victor! Qu'as-tu dis à Pierre?

R. J'ai dit à Pierre qu'il y a un moment Charles n'a pas été attentif.

Henri! dis à Benoit que dans un moment je lui ordonnerai d'aller à sa place.

L'élève.

BENOIT! Dans un moment, M. le Professeur t'ordonnera d'aller à ta place.

Le maître.

HENRI! Qu'as-tu dis à Benoit?
R.   J'ai dit à Benoit que, dans un moment, vous lui ordonnerez d'aller à sa place.
D. BENOIT! Que t'a dit Henri?
R.   Henri m'a dit que, dans un moment, vous m'ordonnerez d'aller à ma place.

TROISIÈME LEÇON.

Emploi du pronom démonstratif ce.

PIERRE! sors de la classe.
CHARLES! écris sur l'ardoise que Pierre est sorti de la classe.

Lis ce que tu as écrit.

Dis ce que tu as écrit à tes camarades.

L'élève.

CAMARADES! J'ai écrit sur l'ardoise que Pierre est sorti de la classe.

Le maître.

CHARLES ! efface ce que tu as écrit.

PAUL ! va prendre un verre à la cuisine.

PIERRE ! dis à Charles ce que j'ai ordonné à Paul.

L'élève.

CHARLES ! M. le Professeur a ordonné à Paul d'aller prendre un verre à la cuisine.

Le maître.

PIERRE ! écris ce que tu as dit à Charles.

D. Tu as écrit cé que j'ai ordonné à qui ?

R. J'ai écrit ce que vous avez ordonné à Paul.

QUATRIÈME LEÇON.

Du verbe dire *dans le sens de raconter.*

Le maître.

PIERRE ! ce matin, je me suis levé à six heures.

dis à tes camarades ce que je t'ai dit.

L'élève.

Camarades! ce matin, M. le Professeur s'est levé à
six heures.

Le maître.

Charles! dans l'infirmerie, il y a un Sourd-Muet
malade.

dis à tes camarades ce que je t'ai dit.

L'élève.

Camarades! dans l'infirmerie, il y a un Sourd-Muet
malade.

Le maître.

Joseph! hier, le cuisinier cassa une bouteille.

dis à Pierre ce que je t'ai dit.

L'élève.

Pierre! hier, le cuisinier cassa une bouteille.

Le maître.

André! hier, pendant la récréation, Emile jeta
la balle sur le toit.

dis à tes camarades ce que je t'ai dit.

L'élève.

CAMARADES! hier, pendant la récréation, Emile jeta
la balle sur le toit.

Le maître.

ERNEST! il y a quelques jours, le chat du Collège
vola, à la cuisine, deux tranches de
salé.

dis à tes camarades ce que je t'ai raconté.

L'élève.

CAMARADES! il y a quelques jours, le chat du Collège
vola, à la cuisine, deux tranches de
salé.

Le maître.

ERNEST! le cuisinier frappa le chat.
le chat miaula fortement.

CINQUIÈME LEÇON.

Réunion de deux propositions en une seule phrase.

PIERRE! saute.
CHARLES! joue à la balle.
VICTOR! dis à Eugène que Pierre saute et que
Charles joue à la balle.

L'élève.

EUGÈNE! Pierre saute et Charles joue à la balle.

Le maître.

LOUIS! essuie les bancs.
FÉLIX! dans un moment, tu ouvriras les fenêtres.
PIERRE! dis à Victor qu'à présent Louis essuie les bancs, et que dans un moment Félix ouvrira les fenêtres.

L'élève.

VICTOR! Maintenant, Louis essuie les bancs et, dans un moment, Félix ouvrira les fenêtres.

DEUXIÈME COURS

PREMIER DEGRÉ

PREMIÈRE LEÇON.

Emploi des prépositions : après, puis, ensuite.

Pierre ! salue Charles, ensuite va à ta place.

Charles ! embrasse Pierre, puis sors de l'école.

Louis ! écris ton nom sur l'ardoise, ensuite donne ton crayon d'ardoise à Charles.

Jean ! va à la cuisine prendre une serviette, puis arrête-toi dans la cour.

Victor ! appelle Jean, puis ôte-lui la serviette.

Marc ! brosse tes vêtements, puis lève le col de ton paletot.

Pierre ! fais tourner l'étui d'aiguilles, puis joue à la balle avec moi.

D. Victor ! Qu'a fait Pierre ?

R. Pierre a fait tourner l'étui d'aiguilles, puis il a joué à la balle avec vous.

D. Charles! Avec qui Pierre a-t-il joué à la balle?
R.   Pierre a joué à la balle avec vous.
D.   Qu'a fait tourner Pierre?
R.   Pierre a fait tourner l'étui d'aiguilles.

Marc! baise le crucifix, puis joins les mains, et récite le *Notre Père;* ensuite viens près de moi.

DEUXIÈME LEÇON.

Emploi des mots : d'abord, ensuite, puis, après, *avec un complément.*

Auguste! boutonne ton paletot, ensuite mets les mains dans ta poche.

D.   Qu'as-tu fait?
R.   J'ai boutonné mon paletot, puis j'ai mis les mains dans ma poche.

D.   Combien d'actions as-tu faites?
R.   J'ai fait deux actions.

Auguste! écris sur l'ardoise la première action que tu as faite.
écris la seconde.

Le maître.

Auguste! tu as boutonné d'abord ton paletot, puis tu as mis les mains dans ta poche.

Jules! avant la récréation, tu balayeras la classe.

Charles! après le dîner, tu laveras les assiettes.

Léon! sors.

avant de sortir, salue-moi.

Victor! après avoir salué Charles, assieds-toi.

après t'être agenouillé, fais le signe de la croix.

TROISIÈME LEÇON.

Compte-rendu des actions de la journée au passé indéfini, au passé défini et au futur du mode indicatif.

D. Charles! ce matin, a quelle heure t'es-tu levé?

R. Je me suis levé à six heures.

D. Ensuite, qu'as-tu fait?

R. Je me suis habillé.

D. Après t'être habillé, qu'as-tu fait?

R. Après m'être habillé, je me suis lavé et essuyé la figure.

D. Avec quoi t'es-tu essuyé la figure?

R. Je me suis essuyé la figure avec un essuie-mains.

D. Ensuite qu'as-tu fait?

R. Je me suis peigné.

D. Pour te peigner, qu'as-tu employé?

R. Pour me peigner, j'ai employé le peigne.

D.   Après t'être peigné, qu'as-tu fait?

R.   Après m'être peigné, j'ai ciré mes souliers.

D.   Avec quoi as-tu ciré tes souliers?

R.   J'ai ciré mes souliers avec du cirage et une brosse.

D.   Ensuite qu'as-tu fait?

R.   Je me suis lavé les mains et je suis allé à l'église.

L'élève.

Ce matin, je me suis levé à cinq heures.

Ensuite je me suis habillé, je me suis lavé et essuyé la figure.

Puis, j'ai fait mon lit.

Après, je me suis peigné, j'ai ciré mes souliers et brossé mes vêtements.

A cinq heures et demie, j'ai fait le signe de la croix et je suis allé à l'église.

Le maître.

PIERRE! dis les actions que tu as faites hier au dortoir.

L'élève.

Hier matin, je me levai à cinq heures.

Ensuite j'enfilai mon pantalon, et je courus au lavoir me laver la figure.

Ensuite je cirai mes souliers.

Puis je mis mes souliers, mon paletot, et je nouai ma cravate.

Ensuite je me peignai et je fis mon lit.

Enfin, je brossai mes vêtements.

Je fis le signe de la croix et j'allai à l'église.

Le maître.

D. NESTOR! Ce matin es-tu allé à l'église?

R. Oui, Monsieur.

D. A quelle heure es-tu allé à l'église?

R. Je suis allé à l'église à cinq heures et demie.

D. A l'église, as-tu pris de l'eau bénite.

R. Oui, Monsieur.

D. Où as-tu pris de l'eau bénite?

R. J'ai pris de l'eau bénite dans le bénitier.

D. Ensuite qu'as-tu fait?

R. J'ai fait le signe de la croix et la génuflexion devant le Saint Sacrement.

D. A l'église, où est le Saint Sacrement?

R. Le Saint Sacrement est dans le ciboire.

D. Ensuite où es-tu allé?

R. Ensuite je suis allé à ma place.

D. A ta place, qu'as-tu fait?

R. A ma place, je me suis agenouillé et j'ai joint les mains.

D.   T'es-tu agenouillé par terre?

R.   Non, Monsieur.

D.   Où t'es-tu agenouillé?

R.   Je me suis agenouillé sur le petit banc.

D.   Ensuite qu'as-tu fait?

R.   Ensuite j'ai récité ma prière du matin.

D.   Après avoir dit ta prière du matin, qu'as-tu fait?

R.   Après avoir récité ma prière du matin, j'ai assisté à la messe.

D.   Qui a célébré la sainte messe?

R.   M le Directeur a célébré la sainte messe.

D.   Qui a servi la sainte messe?

R.   Jules a servi la sainte messe.

D.   Après la sainte messe, es-tu resté encore à l'église?

R.   Non, Monsieur.

D.   Où es-tu allé?

R.   Je suis allé au réfectoire.

NESTOR! dis les actions que tu as faites ce matin à l'église.

L'élève.

Ce matin, je suis allé à l'église à cinq heures et demie.

Là, j'ai pris de l'eau bénite dans le bénitier et j'ai fait le signe de la croix.

Ensuite j'ai fait la génuflexion devant le Saint Sacrement.

Puis j'ai été à ma place, je me suis agenouillé sur le petit banc, j'ai joint les mains, et j'ai récité des prières avec Monsieur le Directeur.

Ensuite je suis allé à la sacristie, j'ai pris le missel et je suis allé à l'autel.

Puis j'ai mis le missel sur l'autel, je me suis agenouillé sur les gradins et j'ai servi la messe.

La sainte messe finie, je suis retourné à la sacristie, j'ai salué Monsieur le Directeur et je suis allé au réfectoire.

QUATRIÈME LEÇON.

Emploi des pronoms le *et* la.

FÉLIX! prends un livre, ensuite ouvre-le; ferme le livre, puis donne-le à Pierre.

JULES! prends un torchon, ensuite plie-le; — déplie le torchon, puis mets-le dans le coffre.

CHARLES! détache le crucifix du mur; baise-le, puis suspends-le de nouveau au mur.

PIERRE! ôte le bouchon de la bouteille, montre-le à tes camarades, puis remets-le sur la bouteille.

Victor! salue Pierre, embrasse-le et caresse-le; ensuite donne-lui ton porte-plume.

D.   Victor! Qui as-tu salué?
R.   J'ai salué Pierre.
D.   Qui as-tu embrassé?
R.   J'ai embrassé Pierre.

D.   Qui as-tu caressé?
R.   J'ai caressé Pierre.
D.   Qu'as-tu donné à Pierre?
R.   J'ai donné à Pierre mon porte-plume.

Charles! prends une fève, puis jette-la par la fenêtre.

D.   As-tu pris une fève?
R.   Oui, Monsieur.
D.   As-tu jeté la fève par la fenêtre?
R.   Oui, Monsieur.
D.   Tu *l'*as jetée par la fenêtre?
R.   Oui, Monsieur.

Charles! répète les actions que tu as faites.
R.   J'ai pris une fève, puis je *l'*ai jetée par la fenêtre.

D.   Tu as pris une fève, puis tu *l'*as jetée par la fenêtre. — Que représente *l'*apostrophe?
R.   L' (*l'* — apostrophe) représente la fève.

CINQUIÈME LEÇON.

Pronoms le *et* la *au pluriel.*

ERNEST ! prends un haricot, puis jette-*le.*

prends quelques haricots, puis jette-*les.*

ramasse les haricots, puis donne-*les* à Pierre.

commande à Pierre de compter les haricots, puis de les mettre en ligne sur la table.

D. PIERRE ! Que t'a ordonné Ernest ?

R. Ernest m'a ordonné de compter les haricots, puis de les mettre en ligne sur la table.

D. As-tu fait ce que Ernest t'a ordonné ?

R. Oui, Monsieur.

D. Que représente le mot *ce ?*

R. Le mot *ce* représente *compter les haricots et les mettre en ligne sur la table.*

D. *Les,* que représente-t-il ?

R. *Les* représente les haricots.

D. *Les* est-ce un verbe ?

R. Non, Monsieur.

D. *Les,* qu'est-ce que c'est ?

R. *Les* est un pronom.

D. JULES ! Hier, après la classe, où allas-tu ?

R. Hier, après la classe, j'allai au réfectoire.

D. Au réfectoire, que fis-tu?

R. Au réfectoire, je pris une soupe et je mangeai du pain.

D. Est-ce que tu restas au réfectoire?

R. Non, Monsieur.

D. Où allas-tu?

R. J'allai à la récréation.

D. A la récréation, que fis-tu?

R. A la récréation, je jouai à la balle.

D. Avec qui jouas-tu à la balle.

R. Je jouai à la balle avec quelques camarades.

D. Ensuite où allas-tu?

R. Ensuite j'allai à l'atelier.

D. Que fis-tu à l'atelier?

R. A l'atelier, j'ôtai mon paletot, je le suspendis au clou, je mis mon tablier et je m'assis sur le banc.

D. Puis que fis-tu?

R. Puis je pris un vieux soulier et je le ressemelai.

Charles! dis les actions que Jules fit hier à l'atelier.

L'élève.

Hier, Jules, après avoir joué à la balle, alla à l'atelier.

Là, il ôta son paletot, le suspendit au clou, mit son tablier et s'assit sur le banc.

Ensuite il prit un vieux soulier et le ressemela.

SIXIÈME LEÇON.

Des pronoms : me le, te le, vous le, le lui, le leur, les leurs.

PAUL! lave-toi la figure, puis essuie-la.

D.   Qu'as-tu fait?

R.   Je me suis lavé la figure, puis je *me
        la* suis essuyée.

PAUL! lave la figure à Victor, puis essuie-
la lui.

D.   Qu'as-tu fait?

R.   J'ai lavé la figure à Victor puis je la
        lui ai essuyée.

D.   PAUL! T'es-tu lavé la figure?

R.   Oui, je me suis lavé la figure.

D.   T'es-tu essuyé la figure?

R.   Oui, je me suis essuyé la figure.

D.   A qui as-tu lavé la figure?

R.   J'ai lavé la figure à Victor.

D.   A qui as-tu essuyé la figure?

R.   J'ai essuyé la figure à Victor.

VICTOR! dis ce que Paul t'a fait.

L'élève.

Paul m'a lavé la figure, puis il me l'a essuyée.

Le maître.

D.   Me l'a essuyée. — Qu'est *me?*

R.   *Me,* c'est moi.

D.   *L',* que représente-t-il?

R.   *L'* représente la figure.

D.   *Me, la,* sont-ils des noms?

R.   Non, Monsieur.

D.   Que sont-ils?

R.   Ce sont des pronoms.

JOSEPH! JEAN! salissez-vous le nez avec de la craie, puis nettoyez-le avec votre mouchoir.

JEAN! salis le nez à Pierre et à Henri, avec de la craie, puis nettoie-le leur.

D.   T'es-tu sali le nez avec de la craie?

R.   Oui, Monsieur

D.   Tu as sali le nez à qui encore?

R.   Je l'ai sali à Pierre et à Henri.

D.   Puis qu'as-tu fait?

R.   Puis je le leur ai nettoyé.

D.   Qu'as-tu nettoyé à Pierre et à Henri?

R.   Je leur ai nettoyé le nez.

D. PIERRE! Qu'a fait Jean?

R.   Jean a sali, avec de la craie, mon

nez et le nez de Henri, puis il nous l'a nettoyé avec son mouchoir.

Jean! dis à Pierre et à Henri ce que tu leur as fait.

L'élève.

Pierre! Henri! Je vous ai sali le nez avec de la craie, puis je vous l'ai nettoyé avec mon mouchoir.

Jean! écris ce que tu as fait à Pierre et à Henri.

D. Emile! Hier, avant le dîner, que fis-tu?

R. Hier, avant le dîner, j'allai à l'église.

D. Que fis-tu à l'église?

R. A l'église, je fis la génuflexion devant le Saint Sacrement et puis j'allai à la sacristie.

D. Que fis-tu à la sacristie?

R. A la sacristie, je mis la soutane.

D. Avec quoi la serras-tu à la ceinture?

R. Je la serrai à la ceinture avec un cordon.

D. Puis que mis-tu?

R. Puis je mis un rochet.

D. Monsieur le Directeur (prêtre), à la sacristie, que mit-il?

R. A la sacristie, Monsieur le Directeur (prêtre) mit l'aube.

D.   Avec quoi serra-t-il l'aube?

R.   Il serra l'aube avec un cordon.

D.   Puis que mit-il?

R.   Puis il mit l'étole et la chape.

D.   Avec quoi attacha-t-il la chape?

R.   Il attacha la chape avec une agrafe.

D.   Ensuite où alla-t-il?

R.   Il alla à l'autel.

D.   Que fit-il à l'autel?

R.   A l'autel il chanta plusieurs oraisons, puis il donna la bénédiction avec le Saint Sacrement.

D.   Et toi, es-tu allé à l'autel?

R.   Oui, Monsieur.

D.   Qu'as-tu fait à l'autel?

R.   Je me suis mis à genoux, un cierge à la main, et j'ai récité quelques prières.

SEPTIÈME LEÇON.

Des pronoms : lui, elle, elles, leur, eux, *comme compléments.*

PIERRE! pousse Eugène, puis appuie-toi sur lui.

EUGÈNE! embrasse Pierre et Charles; donne-leur une plume.

CHARLES! regarde cette mouche, jette ton mouchoir sur elle.

D. Qu'as-tu regardé?

R. J'ai regardé une mouche,

D. Qu'as-tu jeté sur la mouche?

R. J'ai jeté mon mouchoir.

D. Après avoir regardé la mouche, qu'as-tu fait

R. Après avoir regardé la mouche, j'ai jeté mon mouchoir sur elle.

HENRI! salue tes camarades, embrasse-les, serre-leur la main, penche-toi sur eux.

D. Qu'as-tu fait?

R. J'ai salué mes camarades, je les ai embrassés, je leur ai serré la main, je me suis penché sur eux.

D. A qui as-tu serré la main?

R. J'ai serré la main à mes camarades.

D. Sur qui t'es-tu penché?

R. Je me suis penché sur mes camarades.

HUITIÈME LEÇON.

Emploi de la question : Quand.

D. JULES! Ce matin, qu'as-tu mangé?

R. J'ai mangé du pain avec du lait.

D. Hier au soir, que mangeas-tu?

R. Hier au soir, je mangeai du pain et du fromage.

D.   Mangeas-tu du pain avec du lait, hier au soir?

R.   Non, Monsieur.

D.   Quand mangeas-tu du pain avec du lait?

R.   Je mangeai du pain avec du lait ce matin.

D.   Quand mangeras-tu du pain avec du lait?

R.   Je mangerai du pain avec du lait samedi matin.

D.   Quand mangeras-tu du bifteck?

R.   Je mangerai du bifteck dimanche, à dîner.

NEUVIÈME LEÇON.

Emploi de l'imparfait de l'indicatif et de la conjonction :
Pendant que.

CHARLES! frappe des mains.
          continue à frapper des mains.

D. PIERRE! Que fait à présent Charles?

R.   Maintenant, Charles frappe des mains.

PIERRE! tire les oreilles à Charles.

CHARLES! ne frappe plus des mains.

          remue la tête.
          continue à remuer la tête.

LÉON! heurte Charles.

D. CHARLES! Pendant que tu frappais des mains, qu'a fait Pierre?

R. Pendant que je frappais des mains, Pierre m'a tiré les oreilles.

D. Pendant que tu remuais la tête, qui t'a heurté?

R. Pendant que je remuais la tête, Léon m'a heurté.

D. PIERRE! As-tu tiré les oreilles à Charles?

R. Oui, Monsieur.

D. As-tu tiré les oreilles à Charles pendant que celui-ci remuait la tête?

R. Non, Monsieur.

D. Quand as-tu tiré les oreilles à Charles?

R. J'ai tiré les oreilles à Charles pendant que celui-ci frappait des mains.

D. Qui a heurté Charles?

R. Léon a heurté Charles.

D. Quand Léon a-t-il heurté Charles?

R. Léon a heurté Charles pendant que celui-ci remuait la tête.

Louis! dans un moment, tu essuieras les bancs.

Joseph! pendant que Louis essuiera les bancs, tu le battras.

D. Quand battras-tu Louis?

R. Je battrai Louis pendant que celui-ci essuiera les bancs.

D. Louis! Que faisais-tu pendant que Joseph te frappait?

R. Pendant que Joseph me frappait, j'essuyais les bancs.

DIXIÈME LEÇON.

De l'imparfait de l'indicatif.

D. PIERRE! Quel âge as-tu?

R. J'ai douze ans.

D. Maintenant es-tu un enfant?

R. Non, Monsieur.

D. Maintenant, qu'es-tu?

R. Maintenant, je suis un jeune homme.

D. Quand tu avais un an, étais-tu un jeune homme?

R. Non, Monsieur.

D. Quand tu avais un an, qu'étais-tu?

R. Quand j'avais un an, j'étais un enfant.

D. Quand tu avais un an, savais-tu marcher?

R. Non, Monsieur.

D. Où es-tu né?

R. Je suis né au village de Lesbo.

D.	Maintenant, habites-tu au village de Lesbo?
R.	Non, Monsieur.
D.	Maintenant, où habites-tu?
R.	J'habite à Milan.
D.	Il y a trois ans, demeurais-tu à Milan?
R.	Non, Monsieur.
D.	Il y a trois ans, où demeurais-tu?
R.	Il y a trois ans, je demeurais au village de Lesbo.
D.	Il y a trois ans, parlais-tu?
R.	Non, Monsieur.
D.	Comment étais-tu il y a trois ans?
R.	J'étais muet.

ONZIÈME LEÇON.

Du participe présent précédé de en *indiquant simultanéité d'action.*

Pierre! remue la tête et promène-toi dans la classe.

cesse de te promener et de remuer la tête.

promène-toi encore dans la classe *en* remuant la tête.

D. Charles!	Que fait Pierre maintenant?
R.	Maintenant, Pierre se promène dans la classe en remuant la tête.

PIERRE! cesse de te promener et de remuer la tête.

D.   Pendant que tu te promenais, que faisais-tu?

R.   Pendant que je me promenais, je remuais la tête.

D.   En te promenant, que remuais-tu?

R.   En me promenant, je remuais la tête.

JEAN! Ecris sur l'ardoise ton nom, en frappant des pieds.

JULES! récite l'*Ave, Maria,* en regardant le tableau de la Sainte Vierge.

PAUL! sors de la classe en tenant les mains dans tes poches.

PIERRE! mange une dragée en te frottant les mains.

DOUZIÈME LEÇON.

Les actions de la journée des Sourds-Muets vues dans leur généralité.

D. JEAN! Maintenant, en quelle saison sommes-nous?

R.   Maintenant, nous sommes dans la saison d'hiver.

D.   Dans la saison d'hiver, toi et tous les

	Sourds-Muets, à quelle heure vous levez-vous ?
R.	Dans la saison d'hiver, tous les Sourds-Muets et moi nous nous levons à six heures et demie.
D.	Après, que faites-vous ?
R.	Après, nous nous habillons.
D.	Ensuite que faites-vous ?
R.	Ensuite nous nous lavons la figure et nous l'essuyons.
D.	Quand vous vous êtes lavé la figure, que faites-vous ?
R.	Quand nous nous sommes lavé la figure, nous faisons notre lit.
D.	Puis que faites-vous ?
R,	Puis nous nous peignons, nous cirons nos souliers et nous brossons nos vêtements.
D.	Ensuite où allez-vous ?
R.	Ensuite nous allons à l'église.
	etc. etc. etc.

D.	Jean ! Fait-il clair la nuit ?
R.	Non, Monsieur.
D.	Pendant la nuit, que fait-il ?
R.	Pendant la nuit, il fait obscur.
D.	Quand le ciel est serein pendant la nuit, que voit-on ?
R.	On voit les étoiles et la lune.

D. Que fait la lune?

R. La lune éclaire pendant la nuit.

D. Où sont les personnes pendant la nuit?

R. Pendant la nuit, les personnes sont dans leur lit.

D. Que font-elles au lit?

R. Au lit, elles dorment et se reposent.

D. Jusques à quand restent-elles au lit?

R. Elles restent au lit jusqu'au matin.

D. Le matin, qu'est-ce qui apparaît au ciel?

R. Le matin, le soleil apparaît au ciel.

D. Que fait le soleil?

R. Le soleil illumine et réchauffe la terre.

D. Pendant le jour, voit-on toujours le soleil?

R. Non, Monsieur.

D. Quand voit-on le soleil pendant le jour?

R. On le voit quand le ciel est serein.

D. Le matin, que font les personnes?

R. Le matin, les personnes se lèvent, s'habillent, se lavent.

D. Après s'être habillées et lavées, que font-elles?

R. Après s'être habillées et lavées, elles adorent Dieu.

D. Ensuite, que commencent-elles à faire?

R. Elles commencent à s'occuper de leurs affaires.

D.   Où vont les paysans?
R.   Les paysans vont dans les champs.
D.   Avec quoi vont-ils dans les champs?
R.   Ils vont dans les champs avec leurs ins-
       truments.
D.   Que vont-ils faire dans les champs?
R.   Ils vont dans les champs travailler la
       terre.
D.   Le matin, que font les soldats?
R.   Le matin, les soldats polissent les armes,
       ils étrillent les chevaux, leur mettent
       les harnais, puis ils les montent.
D.   Alors, d'où sortent-ils?
R.   Ils sortent de la caserne.
D.   Et où vont-ils?
R.   Ils vont au champ de Mars.
D.   Pour quoi faire?
R.   Pour faire les manœuvres.
D.   Le matin, que font les ouvriers?
R.   Le matin, les ouvriers ouvrent leurs ate-
       liers.
D.   Et que recommencent-ils?
R.   Ils recommencent leurs travaux.
D.   Où vont les enfants?
R.   Les enfants vont à l'école.
D.   Avec quoi vont-ils à l'école?
R.   Ils vont à l'école avec leurs livres.
D.   Que font-ils à l'école?
R.   A l'école, ils apprennent à dire et à écrire.

D.   A midi, les paysans et les ouvriers, que cessent-ils de faire?

R.   A midi, les paysans et les ouvriers cessent de travailler.

D.   Ensuite, que font-ils?

R.   Ensuite, ils dînent.

D.   Après le dîner, que font-ils?

R.   Après le dîner, ils travaillent de nouveau.

D.   Qu'est-ce qui vient quand le soleil disparaît?

R.   Quand le soleil disparaît, vient le soir.

D.   Le soir, où les ouvriers et les paysans retournent-ils?

R.   Le soir, les ouvriers et les paysans retournent dans leurs maisons.

D.   Que font-ils chez eux?

R.   Chez eux, ils soupent.

D.   Avec qui soupent-ils?

R.   Ils soupent avec leurs familles.

D.   Puis que récitent-ils?

R.   Puis ils récitent la prière du soir.

D.   Après avoir récité la prière du soir, où vont-ils?

R.   Après avoir récité la prière du soir, ils vont se coucher.

D. Jules!   Ce matin, à quelle heure suis-je venu en classe?

R. Ce matin, vous êtes venu en classe à neuf heures.

D. Le matin, est-ce que je viens toujours en classe à neuf heures?

R. Oui, Monsieur.

Le matin, je viens toujours en classe à neuf heures.

Ce matin, je suis venu en classe à neuf heures.

DEUXIÈME DEGRÉ

PREMIÈRE LEÇON.

Du verbe donner *employé au figuré.* — *Noms abstraits dérivés des verbes.*

Louis! donne un léger soufflet à Charles.
donne un grand soufflet à Jean.
donne une chiquenaude à tes camarades.
donne un coup de poing à Léon.
donne un coup de pied à Joseph.

Charles! donne un baiser à Joseph.
donne une poignée de main à Victor.
donne une autre poignée de main à Victor.

D. Qu'as-tu donné à Victor?
R. J'ai donné à Victor deux poignées de main.
D. Qu'as-tu donné à Joseph?
R. J'ai donné un baiser à Joseph.

D. Léon! Que t'a donné Louis?
R. Louis m'a donné un coup de poing.

D.   Te l'a-t-il donné dans le dos?
R.   Non, il me l'a donné au bras.
D.   T'a-t-il fait mal?
R.   Oui, Monsieur.
D.   Est-ce bien de donner des coups de poing à ses camarades?
R.   Non, Monsieur.

D. Charles! Que t'a donné Louis?
R.   Il m'a donné un léger soufflet.
D.   Louis t'a-t-il fait mal?
R.   Non, Monsieur.

DEUXIÈME LEÇON.

Faire *dans le sens d'opérer.* — *D'autres noms dérivés des verbes.*

Pierre! prends une aiguille et fais avec cette aiguille une piqûre à une pomme.

fais une autre piqûre à la pomme.

fais, avec un couteau, une coupure à une poire.

fais d'autres coupures à la poire.

D.   Combien de coupures as-tu faites à la poire?
R.   J'ai fait cinq coupures à la poire.

CHARLES! prends un papier buvard, et fais-y plusieurs trous avec ton porte-plume.

D.   Les trous que tu as faits au papier buvard sont-ils grands ou petits?

R.   Les trous que j'ai faits au papier buvard sont petits.

TROISIÈME LEÇON.

Mots abstraits enseignés par intuition.

PIERRE! marche lentement.
marche avec lenteur.
marche rapidement.
marche avec rapidité.

ANDRÉ! marche nonchalamment.
marche avec nonchalance.
marche prudemment.
marche avec prudence.

EUGÈNE! frappe fortement la table.
frappe des mains avec force.
pousse une chaise violemment.
brise un bâton avec violence.

CHARLES! écris attentivement ton nom sur le tableau.
écris mon nom avec attention.
écris le nom d'un de tes camarades négligemment.

écris le nom d'un autre de tes camarades avec négligence.

FRANÇOIS! commande à Pierre de me saluer respectueusement.

commande à Jean de me saluer avec respect.

JOSEPH! regarde le crucifix pieusement.

regarde la Sainte Vierge avec piété.

regarde un de tes camarades tristement.

regarde un autre de tes camarades avec tristesse.

LÉON! récite l'*Ave* dévotement.

récite le *Notre Père* avec dévotion.

QUATRIÈME LEÇON.

Contrefaire. — Adjectifs exprimant des défauts, employés substantivement.

PIERRE ! fais la moue.

LÉON! contrefais Pierre.

PIERRE! LÉON! ne faites plus la moue.

CHARLES! fais une grimace.

PIERRE! contrefais Charles.

PIERRE! CHARLES! ne faites plus la grimace.

D.   PAUL! Es-tu sourd?

R.   Oui, Monsieur.

D.   Es-tu aveugle?

R.   Non, Monsieur.

D.   As-tu vu des aveugles?

R.   Oui, Monsieur.

D.   Es-tu bossu?

R.   Non, Monsieur.

D.   Le chameau est-il bossu?

R.   Oui, Monsieur.

D.   Combien de bosses le chameau a-t-il sur le dos?

R.   Le chameau a deux bosses sur le dos.

D.   Qui de vous est boiteux?

R.   Aucun de nous n'est boiteux.

GEORGES! contrefais le boiteux.

le bossu.

l'aveugle.

Le bossu est une personne infirme.

Le boiteux est une personne infirme.

L'aveugle est une personne infirme.

Le sourd est une personne infirme.

D.   LÉON! As-tu vu des bossus?

R.   Oui, Monsieur.

D.   Quelles personnes sont les bossus?

R.   Les bossus sont des personnes infirmes.

etc.   etc.

D.   PIERRE! As-tu le goître?

R.   Non, Monsieur.

D.   As-tu vu des personnes avec le goître?

R.   Oui, Monsieur.

D.   Les goîtreux sont quelles personnes?

R.   Les goîtreux sont des personnes infirmes.

CINQUIÈME LEÇON.

Du verbe devenir.

PAUL! contrefais l'ivrogne.

PIERRE! ordonne à Paul de ne plus contrefaire l'ivrogne.

D.   PAUL! Celui qui boit beaucoup de vin, comment devient-il?

R.   Celui qui boit beaucoup de vin devient ivre.

D.   Si tu bois beaucoup de vin, comment deviens-tu?

R.   Si je bois beaucoup de vin, je deviens ivre.

D.   Est-ce bien de s'enivrer?

R.   Non, Monsieur.

D. CHARLES! As-tu les cheveux longs?
R.   Non, Monsieur.
D.   Comment as-tu les cheveux?
R.   J'ai les cheveux courts.
D.   Qui te coupe les cheveux?
R.   Le perruquier me coupe les cheveux.
D.   Si le perruquier ne te coupe pas les cheveux, comment deviennent-ils?
R.   Si le perruquier ne me coupe pas les cheveux, ils deviennent longs.
D.   La chevelure de tes camarades est-elle longue ou courte?
R.   La chevelure de mes camarades est courte.

D. GABRIEL! Suis-je vieux?
R.   Non, Monsieur.
D.   Comment suis-je?
R.   Vous êtes jeune.
D.   Si je vis encore trente ans, comment deviendrai-je?
R.   Si vous vivez encore trente ans, vous deviendrez vieux.

SIXIÈME LEÇON.

Adjectifs enseignés par simulation.

D. GABRIEL! Es-tu malade?
R.   Non, Monsieur.

D.   As-tu été malade?

R.   Oui, Monsieur.

D.   Quand as-tu été malade?

R.   J'ai été malade au mois d'octobre.

GABRIEL! fais semblant d'être malade.

D.   HENRI! Gabriel fait-il semblant d'être malade,
              ou est-il vraiment malade?

R.   Gabriel fait semblant d'être malade.

CHARLES! fais semblant d'être triste.
         fais semblant d'être gai.
PIERRE! fais semblant d'être fatigué.
        fais semblant d'être en transpiration.
VICTOR! fais semblant d'être endormi.
        fais semblant d'être imbécile.
LOUIS! fais semblant d'être fou.
       fais semblant d'être en colère.
MARC! fais semblant d'être content.
      fais semblant d'être mécontent.

SEPTIÈME LEÇON.

Noms abstraits enseignés par simulation.

GEORGES! as-tu froid?
         Non, Monsieur.

GEORGES! fais semblant d'avoir froid.
         fais semblant d'avoir chaud.

D.   Qu'as-tu fait?

R.   J'ai fait semblant d'avoir froid, puis d'avoir chaud.

CHARLES! prends un bâton et menace Pierre de le frapper.

D.   As-tu frappé Pierre?

R.   Non, Monsieur.

Menace encore Pierre de le frapper.

PIERRE! fais semblant d'avoir peur de Charles.

D.   FÉLIX! Le matin, Joseph se lave-t-il toujours la figure?

R.   Non, Monsieur.

D.   Joseph, comment a-t-il toujours ses vêtements?

R.   Il les a toujours sales.

CHARLES! va près de Joseph et fais semblant d'avoir horreur de lui.

HUITIÈME LEÇON.

Propositions indiquant les causes.

CHARLES! fais tomber à terre un morceau de verre.

D.   Le morceau de verre s'est-il cassé?

R.   Oui, Monsieur.

Le maître.

Le morceau de verre s'est cassé parce que tu l'as fait tomber.

D. Pourquoi le morceau de verre s'est-il cassé?

R. Le morceau de verre s'est cassé parce que je l'ai fait tomber à terre.

PIERRE! mets au feu du papier buvard.

D. Le papier buvard a-t-il brûlé?

R. Oui, Monsieur,

D. Pourquoi le papier buvard a-t-il brûlé?

R. Le papier buvard a brûlé parce que je l'ai mis au feu.

EMILE! donne un soufflet à Louis.

D. Louis, que t'a donné Emile?

R. Emile m'a donné un soufflet.

D. As-tu senti de la douleur?

R Oui, Monsieur.

D. Pourquoi as-tu senti de la douleur?

R. J'ai senti de la douleur parce que Emile m'a donné un soufflet.

ETIENNE! ordonne à Pierre d'allumer une bougie.

D. PIERRE! As-tu allumé la bougie?

R. Oui, Monsieur.

D.   Pourquoi as-tu allumé la bougie?

R.   J'ai allumé la bougie parce que Etienne me l'a commandé.

D. ARTHUR! Peux-tu voler?

R.   Non, Monsieur.

D.   Pourquoi ne peux-tu pas voler?

R.   Je ne peux pas voler parce que je n'ai pas d'ailes.

D. ERNEST! Mangeons-nous du foin?

R.   Non, Monsieur.

D.   Pourquoi ne mangeons-nous pas de foin?

R.   Nous ne mangeons pas de foin parce que nous ne sommes pas des chevaux.

D. ALBERT! Est-ce que je travaille la terre?

R.   Non, Monsieur.

D.   Pourquoi est-ce que je ne travaille pas la terre?

R.   Vous ne travaillez pas la terre parce que vous n'êtes pas paysan.

NEUVIÈME LEÇON.

De la conjonction ni.

CHARLES! tire légèrement les cheveux à Pierre et à Octave.

continue à tirer les cheveux à tous les deux.

ne tire plus les cheveux ni à Pierre ni à Octave.

D.   T'ai-je ordonné de ne tirer les cheveux ni à Pierre ni à Octave.

R.   Oui, Monsieur.

CHARLES! dis à tes compagnons ce que je t'ai ordonné.

écris sur le tableau ce que tu as dis à tes compagnons.

D. NESTOR! Dimanche, as-tu été à la promenade?

R.   Oui, Monsieur.

D.   Tes camarades sont-ils allés à la promenade?

R.   Oui, Monsieur.

D.   Est-ce Monsieur le Directeur ou Monsieur le Sous-Directeur qui vous a conduits à la promenade?

R.   Ce n'est ni Monsieur le Directeur ni Monsieur le Sous-Directeur qui nous a conduits à la promenade.

D.   Dimanche, pleuvait-il ou faisait-il du vent?

R.   Dimanche, il ne pleuvait, ni ne faisait du vent.

D.   Dimanche, le temps était-il beau ou mauvais?

R.   Le temps était beau.

D.   Dimanche, êtes-vous allés à la promenade hors de la ville?

R.   Oui, Monsieur.

D.   Dans les rues, y avait-il de la boue ou de la poussière?

R.   Dans les rues, il n'y avait ni boue, ni poussière.

D.   Avez-vous fait une promenade longue ou courte?

R.   Nous avons fait une longue promenade.

D.   Etes-vous revenus à la maison fatigués ou en transpiration?

R.   Nous ne sommes revenus ni fatigués, ni en transpiration.

DIXIÈME LEÇON.

De la préposition sans.

MES ÉLÈVES! allons dans la cour.
promenez-vous.

D. CHARLES! Qu'avez-vous fait?

R.   Nous nous sommes promenés.

D.   Vous êtes-vous promenés *sans* canne?

R.   Oui, Monsieur.

CHARLES! dis à tes camarades que vous vous êtes promenés *sans* canne.

D. HENRI! Vous couchez-vous avec les bas?

R. Non, Monsieur.

D. Comment vous couchez-vous?

R. Nous nous couchons *sans* bas.

D. PAUL! Portez-vous le béret en classe.

R. Non, Monsieur.

D. En classe, êtes-vous *sans* béret?

R. Oui, Monsieur, en classe, nous sommes *sans* béret.

D. JEAN! Ecrivez-vous avec vos gants?

R. Non, Monsieur.

D. Comment écrivez-vous?

R. Nous écrivons *sans* gants.

D. VICTOR! As-tu un pantalon avec des bretelles?

R. Oui, Monsieur.

D. Ai-je un pantalon avec des bretelles?

R. Non, Monsieur.

D. J'ai un pantalon, *sans* quoi?

R. Vous avez un pantalon *sans* bretelles.

ONZIÈME LEÇON.

De la conjonction mais.

D. PIERRE! Ce matin, t'es-tu lavé la figure?

R. Oui, Monsieur.

D.   Ce matin, t'es-tu peigné?
R.   Non, Monsieur.
D.   As-tu brossé tes vêtements?
R.   Oui, Monsieur.
D.   As-tu brossé tes chaussures?
R.   Non, Monsieur.

D.   Le matin, les Sourds-Muets soigneux
          se lavent-ils seulement la figure et
          les mains?
R.   Non, Monsieur.
D.   Que font-ils encore?
R.   Ils se peignent, et ils brossent leurs
          vêtements et leurs chaussures.
D.   Demain matin, te peigneras-tu?
R.   Oui, Monsieur.
D.   Brosseras-tu tes vêtements?
R.   Oui, Monsieur.

D.   EMILE! Ce matin, à l'église, as-tu récité tes
          prières?
R.   Oui, Monsieur.
D.   Les as-tu récitées avec dévotion?
R.   Non, Monsieur.

     EMILE! dis à tes camarades que ce matin, à
          l'église, tu as récité tes prières,
          mais sans dévotion.

D. ALBERT! La rose est-elle belle ou laide?

R.   La rose est belle.

D.   La rose a-t-elle des épines?

R.   Oui, Monsieur.

D.   La rose est belle, *mais* qu'a-t-elle?

R.   La rose est belle, *mais* elle a des épines.

D. VICTOR! L'anémone est-elle belle?

R.   Oui, Monsieur.

D.   L'anémone est-elle odoriférante?

R.   Non, Monsieur.

D.   L'anémone est belle, *mais* comment n'est-elle pas?

R.   L'anémone est belle, *mais* elle n'est pas odoriférante.

D. PIERRE! Le bœuf est-il faible?

R.   Non, Monsieur.

D.   Comment est le bœuf?

R.   Le bœuf est fort.

D.   Le bœuf est-il rapide?

R.   Non, Monsieur.

D.   Comment est le bœuf?

R.   Le bœuf est lent.

D.   Le bœuf est lent en quoi!

R.   Le bœuf est lent dans sa marche.

D.   Le bœuf est fort, *mais* il est lent en faisant quoi?

R.   Le bœuf est fort, *mais* il est lent en marchant.

DOUZIÈME LEÇON.

Des locutions : Au lieu, à la place, en échange,
au contraire.

D. Pierre! Qu'emploie-t-on pour écrire?

R. Pour écrire, on emploie la plume et le crayon.

D. Il y a un moment, pour écrire mon nom, au lieu d'employer une plume, qu'ai-je employé?

R. Il y a un moment, pour écrire votre nom, vous avez employé un clou au lieu d'employer une plume.

TREIZIÈME LEÇON.

Du verbe devoir.

D. Charles! En classe, es-tu toujours attentif?

R. Non, Monsieur.

D. Au lieu d'être attentif, que fais-tu?

R. Au lieu d'être attentif, je joue, je fais des signes, ou je parle avec mes camarades.

D. Fais-tu bien de ne pas être attentif?

R. Non, Monsieur.

D.   Pourquoi ne fais-tu pas bien?

R.   Je ne fais pas bien, parce que je n'apprends rien.

D.   Comment doit-on être en classe?

R.   En classe, on doit être attentif.

D.   Les Sourds-Muets qui ne sont pas attentifs, apprennent-ils peu ou beaucoup?

R.   Ils apprennent peu.

QUATORZIÈME LEÇON.

Du verbe pouvoir.

FRANÇOIS! remue le poêle

L'élève.

Je ne peux pas remuer le poêle.

Le maître.

FRANÇOIS! toi et moi remuons le poêle.

D.   As-tu pu remuer le poêle?

R.   Oui, Monsieur.

D.   Avec l'aide de qui as-tu pu remuer le poêle?

R.   J'ai pu remuer le poêle avec votre aide.

AUGUSTE! touche le plafond de la classe.

L'élève.

Je ne peux pas toucher le plafond de la classe.

Le maître.

D.   Pourquoi ne peux-tu pas toucher le plafond de la classe?

R.   Je ne peux pas toucher le plafond de la classe, parce qu'il est haut.

Auguste! prends une échelle, montes-y, et touche le plafond.

D.   As-tu pu toucher le plafond?

R.   Oui, Monsieur.

D.   Tu as pu toucher le plafond, mais *moyennant* quoi?

R.   J'ai pu toucher le plafond *moyennant* une échelle.

Jules! Léon! remuez les tableaux noirs.

Les élèves.

Nous ne pouvons pas remuer les tableaux noirs.

D.   Pourquoi ne pouvez-vous pas remuer les tableaux noirs?

R.   Nous ne pouvons pas remuer les tableaux noirs, parce qu'ils sont fixés au mur.

Antoine! Peut-on regarder le soleil?

R.   Non, Monsieur.

D.   Pourquoi ne peut-on pas regarder le soleil?

R.   On ne peut pas regarder le soleil, parce qu'il éblouit les yeux.

D.   Peut-on marcher sur l'eau?

R.   Non, Monsieur.

D.   Pourquoi ne peut-on pas marcher sur l'eau?

R.   On ne peut pas marcher sur l'eau, parce qu'elle ne nous soutient pas.

QUINZIÈME LEÇON.

Du verbe arriver.

Eugène! prends une petite bouteille, puis fais-la tomber par terre.

D.   Qu'as-tu fait tomber par terre?

R.   J'ai fait tomber par terre une petite bouteille.

D.   Qu'est-il arrivé?

R.   Il est arrivé que la petite bouteille s'est cassée.

Victor! allume une bougie, puis mets sur la flamme un morceau de papier buvard.

D.   Qu'est-il arrivé?

R.   Il est arrivé que le papier buvard s'est brûlé.

SEIZIÈME LEÇON.

Du verbe vouloir.

VICTOR! prie-moi de te donner ma montre ou de te la faire voir.

L'élève.

Monsieur le Professeur, je vous prie de me donner votre montre ou de me la faire voir.

Le maître.

VICTOR! je ne veux ni te donner ma montre, ni te la faire voir.

D.   Qu'est-ce que je ne veux pas faire.

R.   Vous ne voulez ni me donner votre montre, ni me la faire voir.

D.   LÉON! Aimes-tu la viande crue?

R.   Non, Monsieur.

D.   Pourquoi n'aimes-tu pas la viande crue?

R.   Je n'aime pas la viande crue, parce qu'elle n'est pas bonne.

D.   Aimes-tu la viande cuite?

R.   Oui, Monsieur.

D. Ici, en classe, y a-t-il de la viande cuite?

R. Oui, Monsieur.

D. Veux-tu manger un morceau de viande cuite?

R. Oui, Monsieur.

Léon! mange-le.

Albert! coupe-toi un doigt.

L'élève.

Je ne veux pas me couper un doigt.

Le maître.

Albert! mets la main au feu.

L'élève.

Je ne veux pas mettre la main au feu.

DIX-SEPTIÈME LEÇON.

Du verbe penser.

Charles! pense deux noms.

dis-moi les noms que tu as pensés.

L'élève.

J'ai pensé le nom *table* et le nom *chaise*.

Le maître.

GEORGES! pense un verbe.

dis le verbe que tu as pensé.

L'élève.

J'ai pensé le verbe *aller*.

Le maître.

PIERRE! pense une proposition.

dis la proposition que tu as pensée.

L'élève.

J'ai pensé cette proposition : *Le pain est bon.*

Le maître.

HENRI! pense un ordre.

ordonne à Pierre ce que tu as pensé.

L'élève.

PIERRE! saute.

DIX-HUITIÈME LEÇON.

Du verbe comprendre.

CHARLES! conduis Pierre jusqu'au poêle, puis
couvre-lui la tête avec ton mouchoir.

D.   PAUL! Charles a-t-il bien exécuté les actions que je lui ai commandées?

R.   Oui, Monsieur.

D.   Qui Charles a-t-il conduit près du poële?

R.   Charles a conduit Pierre près du poële.

D.   Puis qu'a-t-il fait?

R.   Puis il lui a couvert la tête avec son mouchoir.

D.   PIERRE! Paul a-t-il compris ce que je lui ai demandé?

R.   Oui, Monsieur.

D.   Pourquoi Paul a-t-il compris ce que je lui ai demandé?

R.   Paul a compris ce que vous lui avez demandé, parce qu'il a bien exécuté les actions.

Du verbe connaître.

CHARLES! donne-moi un verre d'eau.

D.   Puis-je faire l'eau?

R.   Non, Monsieur.

D.   Les hommes peuvent-ils faire l'eau?

R.   Non, Monsieur.

D.   Sur la terre, y a-t-il beaucoup d'eau?

R.   Oui, Monsieur.

D.   Qui a fait l'eau?

R.   Dieu a fait l'eau?

D.   Qu'employa-t-il pour faire l'eau?

R.   Dieu n'employa rien pour faire l'eau.

D.   As-tu vu Dieu?

R.   Non, Monsieur.

D.   Peut-on voir Dieu?

R.   On ne peut pas voir Dieu.

D.   Pourquoi ne peut-on pas voir Dieu?

R.   On ne peut pas voir Dieu, parce qu'il est esprit.

D.   Sais-tu où est Dieu?

R.   Oui, Monsieur.

D.   Où est Dieu?

R.   Dieu est partout.

DIX-NEUVIÈME LEÇON.

Du verbe se rappeler.

D. CHARLES! As-tu ton père?

R.   Oui, Monsieur.

D.   Ton père est-il à Milan?

R.   Non, Monsieur.

D.   Ton père, où est-il?

R.   Mon père est à Paris.

D.   Ton père demeure-t-il à Paris?

R.   Oui, Monsieur.

D.   Quel âge a ton père?

R.   Mon père a quarante-cinq ans.

D.   Ton père a-t-il de la barbe?

R.   Oui, Monsieur.

D.   A-t-il la barbe longue ou courte?

R.   Mon père a la barbe courte.

D.   Ton père a-t-il la barbe noire?

R.   Il a la barbe grise.

D.   Ton père est-il grand ou petit?

R.   Mon père est grand.

D.   Ton père est-il maigre?

R.   Oui, Monsieur.

VINGTIÈME LEÇON.

Des adjectifs : attentif, inattentif.

Victor! va prendre un verre à la cuisine, puis remplis-le d'eau et apporte-le en classe.

Charles! Victor a-t-il bien exécuté les actions que je lui ai commandées?

R.   Oui, Monsieur.

D.   Victor s'est-il trompé en écrivant les actions qu'il a exécutées?

R.   Non, Monsieur.

D.   Comment Victor a-t-il écrit les actions qu'il a exécutées?

R.   Victor les a bien écrites.

D.   Victor comprend-il bien ce que je lui dis?
R.   Oui, Monsieur.
D.   Comment est Victor en classe?
R.   Il est attentif.
D.   En classe, Victor se trompe-t-il souvent en parlant et en écrivant?
R.   Non, Monsieur.

Victor est attentif et intelligent.

Victor est attentif; il ne se trompe pas souvent en parlant et en écrivant.

Joseph, au contraire, est inattentif; il se trompe souvent en parlant et en écrivant.

D. CHARLES! Comment est Victor?
R.   Victor est attentif.
D.   Joseph, au contraire, comment est-il?
R.   Joseph est inattentif.

VINGT-UNIÈME LEÇON.

Des mots : Utile, nécessaire, indispensable.

J'ai une bonne vue, je n'ai pas besoin de lunettes, elles me sont inutiles.

Monsieur Antoine est vieux, il n'a plus une bonne vue.

Quand il n'a pas de lunettes, il ne peut pas lire.

Mais quand il les a, il lit très bien.

Les lunettes sont très utiles à Monsieur Antoine.

D. CHARLES ! Comment ai-je la vue ?

R. Vous avez une bonne vue.

D. Ai-je besoin de lunettes ?

R. Non, Monsieur.

D. Pourquoi n'ai-je pas besoin de lunettes ?

R. Vous n'avez pas besoin de lunettes, parce que vous avez une bonne vue.

D. Les lunettes me sont-elles utiles ?

R. Non, Monsieur.

D. Comment les lunettes sont-elles pour moi ?

R. Les lunettes vous sont inutiles.

D. Pour M. Antoine, au contraire, comment sont les lunettes ?

R. Les lunettes lui sont utiles.

D. Pourquoi les lunettes sont-elles utiles à Monsieur Antoine ?

R. Les lunettes sont utiles à Monsieur Antoine, parce qu'il n'a pas une bonne vue.

D. Les lunettes sont-elles utiles aux aveugles ?

R. Non, Monsieur.

D.   Pourquoi les lunettes ne sont-elles pas utiles aux aveugles?

R.   Les lunettes sont inutiles aux aveugles, parce qu'ils n'ont pas la vue.

TROISIÈME DEGRÉ

PREMIÈRE LEÇON.

Des adjectifs et pronoms indéfinis : Chaque, chacun.

MES ÉLÈVES! brossez vos vêtements.

Chacun de vous a brossé ses vêtements.

D.   PIERRE! As-tu brossé tes vêtements?
R.   Oui, Monsieur.

D.   JULES! Qu'a fait chacun de vous?
R.   Chacun de nous a brossé ses vêtements.
D.   Aujourd'hui, à dîner, que mangera chacun de vous?
R.   Aujourd'hui, à dîner, chacun de nous mangera du pain.
D.   Toi, que manges-tu chaque jour?
R.   Chaque jour, je mange du pain.

D.   OCTAVE! Hier, as-tu mangé du pain?
R.   Oui, Monsieur.
D.   Demain, mangeras-tu du pain?
R.   Oui, Monsieur.

D.   Dans deux jours, mangeras-tu du pain?
R.   Oui, Monsieur.
                etc.   etc.   etc.

D. EUGÈNE ! Chaque matin, vas-tu à l'église?
R.   Oui, Monsieur.
D.   Chaque matin, que vas-tu faire à l'é-
                glise?
R.   Chaque matin, je vais à l'église assis-
                ter à la sainte messe.

DEUXIÈME LEÇON.

De l'adjectif : Quelconque.

GEORGES ! donne-moi une feuille de papier rouge.
             donne-moi une feuille de papier blanc.
             donne-moi une feuille de papier jaune.
             donne-moi une feuille de papier noir.

             demande-moi les feuilles de papier que tu
             m'as données.

             plie une feuille de papier *quelconque.*

D.   As-tu plié une feuille de papier rouge?
R.   Non, Monsieur.
D.   Quelle feuille de papier as-tu pliée?
R.   J'ai plié une feuille de papier vert.

CHARLES ! mets en ligne ces petites boîtes.

D. La première boîte est-elle ronde?

R. Non, Monsieur.

D. Comment est la première boîte?

R. La première boîte est ovale.

D. Comment est la seconde?

R. La seconde est rectangulaire.

etc.   etc.

Charles! ouvre une boîte *quelconque*!

D. T'ai-je ordonné d'ouvrir une boîte ovale?

R. Non, Monsieur.

D. T'ai-je ordonné d'ouvrir une boîte carrée?

R. Non, Monsieur.

D. T'ai-je ordonné d'ouvrir une boîte ronde?

R. Non, Monsieur.

D. T'ai-je ordonné d'ouvrir une boîte rectangulaire?

R. Non, Monsieur.

D. Que t'ai-je ordonné?

R. Vous m'avez ordonné d'ouvrir une boîte *quelconque*.

D. Quelle boîte as-tu ouverte?

R. J'ai ouvert une boîte longue.

TROISIÈME LEÇON.

De la préposition : Excepté.

J'ai fermé tous vos cahiers, excepté celui de Charles.

D. CHARLES! Ton cahier est-il fermé?
R.   Non, Monsieur.
D.   Les autres, comment sont-ils?
R.   Les autres sont fermés.
D.   J'ai fermé tous les cahiers, excepté celui de qui?
R.   Vous avez fermé tous les cahiers, excepté le mien.

CHARLES! ferme ton cahier.
ouvre celui de tes camarades.

D.   Les cahiers sont ouverts, excepté celui de qui?
R.   Les cahiers sont ouverts, excepté le mien.

QUATRIÈME LEÇON.

Des adverbes : Plus *et* moins.

CHARLES! PIERRE! prenez quelques plumes..
D.   PIERRE! Qu'as-tu pris?
R.   J'ai pris quelques plumes.

D.   Sais-tu combien de plumes tu as pris?

R.   Je ne le sais pas.

. PIERRE! compte les plumes que tu as prises.

D.   Combien de plumes as-tu pris?

R.   J'ai pris sept plumes.

PIERRE! ordonne à Charles de compter les plumes qu'il a prises.

demande à Charles combien de plumes il a pris.

L'élève.

D. CHARLES! Combien de plumes as-tu pris?

R.   J'ai pris onze plumes.

D.   PIERRE! Combien de plumes Charles a-t-il pris?

R.   Charles a pris onze plumes.

D.   Qui a pris le plus de plumes?

R.   Charles a pris le plus de plumes?

D.   Qui a pris le moins de plumes?

R.   C'est moi qui ai pris le moins de plumes.

D.   Combien de plumes as-tu pris de moins que Charles?

R.   J'ai pris quatre plumes de moins que Charles.

LÉON! mets quatre poires sur le poêle et quatre sur la petite armoire.

D. CHARLES! Où y a-t-il plus de poires?

R.   Il y a plus de poires sur le poêle.

D. JOSEPH! Où y a-t-il moins de poires?

R.   Il y a moins de poires sur la petite armoire.

CINQUIÈME LEÇON.

Des degrés de comparaison.

D. LOUIS! Es-tu plus grand que Pierre?

R.   Non, Monsieur.

D.   Comment es-tu?

R.   Je suis moins grand que Pierre.

D.   Pierre, quel âge a-t-il?

R.   Pierre a quatorze ans.

D.   Toi, quel âge as-tu?

R.   J'ai douze ans.

D.   Pierre est-il plus âgé que toi?

R.   Oui, Monsieur.

Pierre est plus âgé que moi.

Je suis moins âgé que Pierre.

D.   Combien d'années Pierre a-t-il de plus que toi?

R.   Il a deux ans de plus que moi.

Élèves! montrez-moi vos cahiers écrits.

Élèves! Léon écrit plus mal que vous.
Octave écrit mieux que vous.
J'écris mieux que vous et que Octave.

D. Octave! Qui écrit plus mal que toi?
R. Mes camarades écrivent plus mal que moi.
D. Qui écrit mieux que tes camarades?
R. J'écris mieux que mes camarades.

D. Quelle est la moins bonne écriture?
R. Cette écriture est la moins bonne.
D. Quelle est la meilleure écriture?
R. Cette écriture est la meilleure.
D. Qui a la meilleure écriture?
R. C'est Octave qui a la meilleure écriture.

SIXIÈME LEÇON.

Du pronom en.

D. Charles! Combien de porte-plume y a-t-il dans le plumier?
R. Dans le plumier, il y a quatre porte-plume.

D. Charles! Combien en ai-je pris?
R. Vous en avez pris deux.

D.   De quels porte-plume en ai-je pris deux?

R.   Vous avez pris deux de ces porte-plume.

D. Charles! Combien de porte-plume t'ai-je donné?

R.   Vous m'avez donné un porte-plume.

D.   Combien en ai-je donné à Pierre?

R.   Vous en avez donné deux à Pierre.

D.   Combien en ai-je donné à Joseph?

R.   Vous en avez donné un à Joseph.

Charles! je t'ai donné un porte-plume.

j'en ai donné deux à Pierre, etc.

J'en ai donné, — *en* remplace deux des porte-plume qui étaient dans le plumier.

Pierre! prends les plumes qui sont dans la boîte.

mets-en trois sur ton banc, et les autres dans la poche de ton gilet.

D.   Qu'as-tu fait?

R.   J'ai pris les plumes qui étaient dans la petite boîte, j'en ai mis trois sur mon banc, et les autres dans la poche de mon gilet.

D.   Qu'as-tu pris?

R.   J'ai pris les plumes qui étaient dans la
            petite boîte.

D.   Combien en as-tu mis sur ton banc?

R.   J'en ai mis trois.

D.   Sais-tu combien tu en as mis dans la
            poche de ton gilet?

R.   J'en ai mis sept.

D.   Tu en as mis sept. — Que signifie *en?*

R.   *En* signifie des plumes qui étaient
            dans la boîte.

SEPTIÈME LEÇON.

De la locution : Tout autant.

D. Gustave! As-tu des cahiers

R.   Oui, Monsieur.

D.   Combien de cahiers as-tu?

R.   J'ai cinq cahiers.

Gustave! montre-les à Léon.

D.   Louis! Combien de cahiers as-tu?

R.   J'ai cinq cahiers.

Gustave! tu as cinq cahiers et Louis en a tout
            autant, c'est-à-dire comme toi.

D. Charles! Gustave et Louis ont cinq cahiers, en
            as-tu tout autant?

R.   Oui, j'en ai tout autant.

CHARLES ! montre-les moi.

D.   Combien de cahiers as-tu?

R.   J'ai cinq cahiers.

D.   Tu en as comme qui?

R.   J'en ai comme Gustave et Louis.

D.   Qu'as-tu comme Gustave et Louis?

R.   J'ai cinq cahiers, comme Gustave et Louis.

HUITIÈME LEÇON.

Des locutions : Autant que, aussi bien que, tant que, *indiquant une comparaison.*

CHARLES ! PIERRE ! écrivez.

Charles et Pierre ont écrit autant l'un que l'autre.

D.   Pourquoi Charles et Pierre ont-il écrit autant l'un que l'autre?

R.   Ils ont écrit autant l'un que l'autre, parce que vous le leur ave ordonné.

D. CHARLES ! En quoi sont les grilles de ce jardin?

R.   Les grilles de ce jardin sont e fer.

D.   Le fer est-il dur?

R.   Oui, Monsieur.

D.   Le fer, aussi bien que le marbre, est quoi?

R.   Le fer est dur aussi bien que le marbre.

D.   Le fer et le marbre sont-ils légers?

R.   Non, Monsieur.

D.   Le fer est encore quoi aussi bien que le marbre?

R.   Le fer est pesant aussi bien que le marbre.

D.   Le fer est encore quoi aussi bien que le marbre?

R.   Le fer est opaque aussi bien que le marbre.

D.   JULES! Le cheval mange-t-il de l'herbe?

R.   Oui, Monsieur.

D.   L'âne mange-t-il de l'herbe?

R.   Oui, Monsieur.

D.   Qu'est-ce que l'âne mange aussi bien que le cheval?

R.   L'âne, aussi bien que le cheval, mange de l'herbe.

D.   PIERRE! Le cheval tire-t-il la charrue?

R.   Oui, Monsieur.

D.   Le bœuf tire-t-il la charrue?

R.   Oui, Monsieur.

D. Qu'est-ce que tire le bœuf aussi bien que le cheval?

R. Le bœuf, aussi bien que le cheval, tire la charrue.

NEUVIÈME LEÇON.

Du superlatif absolu.

Cette poire est petite.
Cette poire est grosse.
Cette poire est très grosse.
Cette poire est très petite.

PIERRE! donne à Jean la petite poire, et à Charles celle qui est très grosse.

D. Quelle poire as-tu donnée à Jean?
R. J'ai donné à Jean la petite poire.
D. A qui as-tu donné celle qui est très grosse?
R. Je l'ai donnée à Charles.

Ce bâton est court.
Ce bâton est long.
Ce bâton est très court.
Ce bâton est très long.
Cette rose est belle.
Cette rose est très belle.

JULES! mets à la boutonnière de ta jaquette la rose très belle.

D.   Pourquoi la rose que tu as mise à la boutonnière de ta jaquette est-elle très belle?

R.   La rose que j'ai mise à la boutonnière de ma jaquette est très belle, parce qu'elle a une belle couleur, une belle forme et qu'elle exhale une bonne odeur.

CHARLES! montre le tableau des oiseaux avec le bâton très court.

D.   As-tu touché ou as-tu indiqué le tableau?

R.   J'ai indiqué le tableau.

D.   Pouvais-tu toucher le tableau?

R.   Non, Monsieur.

D.   Pourquoi ne pouvais-tu pas toucher le tableau?

R.   Je ne pouvais pas toucher le tableau, parce que le bâton que j'ai pris est très court.

Propositions générales.

D. VICTOR! As-tu vu des éléphants?

R.   Oui, Monsieur.

D.   L'éléphant est-il petit?

R.   Non, Monsieur.

D.   Comment est l'éléphant?

R.   L'éléphant est très gros.

D.   La souris est-elle grosse?

R.   Non, Monsieur.

D.   Comment est la souris?

R.   La souris est très petite.

D.   Quels sont les plus petits quadrupèdes?

R.   Les plus petits quadrupèdes sont le rat et la taupe.

D.   La girafe est-elle un quadrupède haut ou très haut?

R.   La girafe est un quadrupède très haut.

D.   Le crocodile est-il un reptile long ou très long?

R.   Le crocodile est un reptile très long.

D.   Le lis est-ce une fleur blanche ou très blanche?

R.   Le lis est une fleur très blanche.

D.   Suis-je fort ou très fort.

R.   Vous êtes fort.

DIXIÈME LEÇON.

Du superlatif relatif.

PIERRE! ordonne à tes condisciples de se mettre à la file.

D.   Qu'ont fait tes condisciples?

R.   Mes condisciples se sont mis à la file.

D. Quel est le plus petit de tes condisciples?

R. Le plus petit de mes condisciples est Jules.

D. Quel est le plus grand de tes condisciples?

R. Le plus grand de mes condisciples est Jean.

D. Quel est le plus intelligent de tes condisciples?

R. Le plus intelligent de mes condisciples est Dominique.

D. Et le moins intelligent, quel est-il?

R. Le moins intelligent est Joseph.

ONZIÈME LEÇON.

Emploi de la préposition pour *indiquant un espace de temps.*

D. PIERRE! Chaque jour, à quelle heure vas-tu à l'atelier?

R. Chaque jour, je vais à l'atelier à trois heures.

D. Que fais-tu à l'atelier?

R. A l'atelier, je travaille.

D. A quelle heure cesses-tu de travailler?

R. Je cesse de travailler à sept heures.

D. Pour combien de temps as-tu donc de travail à l'atelier?

R. J'ai pour quatre heures de travail à l'atelier.

D.   Après le travail, pour combien de temps
       es-tu à la récréation?

R.   Je suis à la récréation pour une heure
       et demie.

DOUZIÈME LEÇON.

Emploi de la préposition pour, *faisant connaître dans l'objet
la fin extrinsèque de l'agent.*

D. Jules! Chaque soir, vas-tu au lit?

R.   Oui, Monsieur.

D.   Vas-tu au lit pour jouer?

R.   Non, Monsieur.

D.   Dans quel but vas-tu au lit?

R.   Je vais au lit pour dormir.

D.   Chaque matin, vas-tu à l'église?

R.   Oui, Monsieur.

D.   Dans quel but vas-tu à l'église?

R.   Je vais à l'église pour assister à la sainte
       messe.

D.   Après la sainte messe, où vas-tu?

R.   Je vais au réfectoire.

D.   Dans quel but vas-tu au réfectoire?

R.   Je vais au réfectoire pour déjeuner.

D.   Maintenant où es-tu?

R.   Maintenant, je suis en classe.

D.   Pourquoi es-tu en classe?

R.   Je suis en classe pour apprendre à par-

ler, à écrire et à connaître beaucoup
de choses utiles.

D.   Quand faites-vous la gymnastique?

R.   Nous faisons la gymnastique le jeudi et
le dimanche.

QUATRIÈME DEGRÉ.

PREMIÈRE LEÇON.

Emploi des prépositions : à, chez.

Pierre! va chez Monsieur Henri et dis-lui que
je le salue.

Charles! va chez Monsieur le Recteur et demande-lui quelques plumes.

Octave! va chez le cuisinier et demande-lui à
quelle heure, aujourd'hui, il prépa-
rera mon dîner.

D. Joseph! Chez qui est allé Pierre?
R.   Pierre est allé chez Monsieur Henri.
D.   Pour quelle fin est-il allé chez Monsieur
            Henri?
R.   Pour lui dire que vous le saluez.

D. Pierre! Qu'a fait Charles?
R.   Charles est allé chez Monsieur le
            Recteur.
D.   Pour quelle fin est-il allé chez Monsieur
            le Recteur?
R.   Pour lui demander quelques plumes.

D. OCTAVE! Qu'as-tu fait?
R.   J'ai été voir le cuisinier.
D.   Pour quelle fin as-tu été chez le cui-
            sinier?
R.   Pour lui demander à quelle heure, au-
            jourd'hui, il préparera votre dîner.

PIERRE! donne à boire à Henri.

D. HENRI! Qu'a fait Pierre?
R.   Pierre m'a donné à boire.
D.   As-tu bu?
R.   Oui, Monsieur.
D.   Pourquoi as-tu bu?
R.   Parce que j'avais soif.

D.   Qui donne à boire aux chevaux?
R.   Le garçon d'écurie donne à boire aux
            chevaux.
D.   Qui donne à manger aux vaches?
R.   Le vacher donne à manger aux vaches.

DEUXIÈME LEÇON.

Forme active et passive du verbe.

CHARLES! frappe la table.
            tu cesseras de frapper la table quand je
            te l'ordonnerai.

D.   PIERRE! La table est-elle frappée par moi?
R.   Non, Monsieur.
D.   Par qui la table est-elle frappée?
R.   La table est frappée par Charles.

CHARLES! cesse de frapper la table.

D.   Qu'as-tu frappé?
R.   J'ai frappé la table.
D.   La table a été frappée par qui?
R.   La table a été frappée par moi.
D.   La table a-t-elle été frappée par toi?
R.   Oui, Monsieur, par moi.

Propositions générales.

Le cheval tire la voiture.

D.   EUGÈNE! Que tire le cheval
R.   Le cheval tire la voiture.
D.   Par qui la voiture est-elle tirée?
R.   La voiture est tirée par le cheval.

BENOIT! pense une proposition en forme active.

L'élève.

Le bœuf tire la charrue.

Le maître.

BENOIT! répète la proposition en forme passive.

L'élève.

La charrue est tirée par le bœuf.

TROISIÈME LEÇON.

Des prépositions : Contre, le long, vers, envers.

CHARLES! mets le panier de la sciure contre le mur, puis répands-en deux poignées le long de celui-ci.

D. Où as-tu mis le panier?

R. J'ai mis le panier contre le mur.

D. Puis, qu'as-tu répandu le long du mur.

R. Puis j'ai répandu deux poignées de sciure le long du mur.

CHARLES! ramasse, avec le balai, la sciure que tu as répandue le long du mur.

JULES! ordonne à tes camarades d'aller à la récréation, puis suis-les. (Le maître doit suivre ses élèves.)

D. Toi et tes camarades, où êtes-vous venus.

R. Mes camarades et moi, nous sommes venus à la récréation.

CHARLES! cours le long de la grande grille, puis arrête-toi contre celle-ci.

CHARLES! avance vers nous.

PIERRE! va vers Charles.

CHARLES! PIERRE! venez ici.

D.	PIERRE!	Tu es allé vers qui?
R.		Je suis allé vers Charles.
D.		T'es-tu approché de lui?
R.		Oui, Monsieur.
D.		L'as-tu salué?
R.		Non, Monsieur.
D.		Lui as-tu dit quelque chose?
R.		Non, Monsieur.
D.		L'as-tu regardé?
R.		Oui, Monsieur.
D.		As-tu ri pendant que tu le regardais?
R.		Oui, Monsieur.
D.		Pourquoi as-tu ri?
R.		J'ai ri parce qu'il faisait une grimace.

QUATRIÈME LEÇON.

Des prépositions : Au delà, jusque.

D.	ANDRÉ! Combien de cours y a-t-il à l'Institution?
R.	Dans l'Institution, il y a trois cours.

D.   Jouez-vous dans la plus petite cour?

R.   Non, Monsieur.

D.   Dans quel cour jouez-vous?

R.   Nous jouons dans la plus grande cour.

D.   Comment s'appelle la cour où vous jouez?

R.   La cour où nous jouons s'appelle la cour de récréation.

D.   Après la cour de récréation, qu'est-ce qu'il y a?

R.   Après la cour de récréation, il y a le jardin.

D.   Par quoi la cour de récréation est-elle séparée du jardin?

R.   La cour de récréation est séparée du jardin par une grille.

Mes élèves! allons dans la cour de récréation.

André! va au milieu de la cour de récréation.
va au delà de la grille, puis appelle tes camarades.

Jules! va jusqu'au fond du jardin.

D. Victor! Jules est-il allé au milieu du jardin.

R.   Non, Monsieur.

D.   Jusqu'où est allé Jules?

R.   Jules est allé jusqu'au fond du jardin.

D.	Le vois-tu?
R.	Oui, Monsieur.
D.	Peux-tu lui parler?
R.	Je ne peux pas lui parler, parce que je ne peux pas voir les mouvements de sa bouche.
D.	La terrasse est-elle haute?
R.	Oui, Monsieur.
D.	As-tu la force de jeter une pierre sur la terrasse?
R.	Oui, Monsieur.

Charles! jette une pierre sur la terrasse.

jette une autre pierre sur la terrasse.

jette une pierre au delà de la terrasse.

jette un caillou au delà de la grille.

jette un caillou jusque sur le toit.

CINQUIÈME LEÇON.

De la préposition : Loin de.

D. Pierre! Le Dôme (église cathédrale) de Milan est-il beau?

R. Oui, Monsieur.

D. Est-il haut ou bas?

R. Il est haut.

D. Est-il petit?

R. Non, Monsieur.

D.   Comment est-il?

R.   Il est vaste.

D.   Pendant ce mois, es-tu allé quelquefois
            au Dôme?

R.   Oui, Monsieur.

D.   Pour quelle fin es-tu allé au Dôme?

R.   Pour adorer Jésus.

D.   Le Dôme est-il près de l'Institution?

R.   Non, Monsieur.

Le Dôme n'est pas près de l'Institution.

Il est loin de l'Institution.

L'église de Saint-Calocero est près de l'Institution.

> PIERRE! dis à tes condisciples que le Dôme est
> loin de l'Institution.

D. JULES? Notre paroisse est-elle loin de l'Insti-
      tution?

R.   Non, Monsieur.

> JULES! dis à tes condisciples que notre paroisse
> n'est pas loin de l'Institution.

D. JOSEPH! Ton village est-il grand?

R.   Non, Monsieur.

D.   Ton village est-il petit?

R.   Oui, mon village est petit.

D.   Ton village est-il loin de Milan?

R.   Oui, Monsieur.

D.   Ton village est éloigné de Milan de combien de kilomètres?

R.   Mon village est éloigné de Milan de 30 kilomètres.

SIXIÈME LEÇON.

Des pronoms : Lequel, laquelle, lesquels, lesquelles.

PIERRE! ôte les fruits du panier, mets-les à la file sur la table, puis ordonne à Charles de prendre une figue; à Jean, une poire, et à Joseph, une pomme et une prune.

CHARLES! tu as pris une figue, laquelle est sans noyau.

LOUIS! tu tiens une poire, laquelle est âcre.

JOSEPH! tu as pris deux fruits, lesquels sont âcres.

D. CHARLES! La figue que tu as prise est sans quoi?

R.   Elle est sans noyau.

D.   LOUIS! Comment est la poire que tu tiens en main?

R.   Elle est âcre.

D.   LOUIS! Tu tiens en main une poire, laquelle est bien âcre?

R.   Oui, Monsieur.

D.   Que représente *laquelle?*

R.   *Laquelle* représente la poire.

Louis ! fais un trou dans la poire que tu tiens
en main, puis jette-là hors de la fenêtre.

dis à tes camarades que tu as jeté hors
de la fenêtre une poire, laquelle a
un trou.

Ecris sur l'ardoise ce que tu as dit à
tes condisciples.

SEPTIÈME LEÇON.

Emploi des pronoms relatifs avec une préposition : Auquel,
dans lequel, sur lequel, etc.

Octave ! donne à un Sourd-Muet un crayon, et
à un autre, un cahier.

salue le Sourd-Muet auquel tu as donné
un cahier.

prends par la main le camarade auquel
tu as donné un crayon, conduis-le
au tableau, et ordonne-lui d'écrire
quelques noms.

D.   Où as-tu conduit le camarade auquel
tu as donné un crayon?

R.   Je l'ai conduit au tableau.

OCTAVE! écris sur le tableau ce que je t'ai ordonné.

D.   ALBERT! Combien d'encriers y a-t-il sur la table?

R.   Sur la table, il y a deux encriers.

D.   Qu'est-ce qu'il y a dans les deux encriers?

R.   Dans les deux encriers, il y a de l'étoupe.

D.   Dans les deux encriers, y a-t-il de l'encre?

R.   Non, Monsieur.

ALBERT! touche l'encrier dans lequel il y a seulement de l'étoupe.

mets le coupe-papier sur un encrier.

ordonne à tes camarades de montrer l'encrier sur lequel il y a le coupe-papier.

HUITIÈME LEÇON.

Du que marquant restriction.

PIERRE! embrasse Charles et Jules.
salue Jules.

D.   Qui as-tu embrassé?

R.   J'ai embrassé Charles et Jules.

D.   Les as-tu salués tous les deux?

R.   Non, Monsieur.

D.   N'as-tu salué que Jules?

R.   Oui, je n'ai salué que Jules.

D. Jules! Hier, à quelle heure es-tu allé au réfectoire pour dîner?

R.   Hier, je suis allé au réfectoire, pour dîner, à une heure et demie.

D.   As-tu mangé de la soupe et du bouilli?

R.   Non, Monsieur.

D.   N'as-tu mangé que de la soupe?

R.   Oui, je n'ai mangé que de la soupe.

D. Paul! Hier, après dîner, as-tu joué à la balle ou aux cartes?

R.   Je n'ai joué ni à la balle, ni aux cartes.

D.   As-tu joué aux barres?

R.   Non, Monsieur.

D.   As-tu joué à colin-maillard?

R.   Oui, Monsieur.

D.   Hier, après dîner, n'as-tu joué qu'à colin-maillard?

R.   Oui, je n'ai joué qu'à colin-maillard?

D.   As-tu joué seulement à colin-maillard?

R.   Oui, Monsieur.

NEUVIÈME LEÇON.

Du plus-que-parfait.

PIERRE! sonne la clochette, puis donne-la moi.

D.   Que m'as-tu donné?

R.   Je vous ai donné la clochette.

D.   Mais avant de me la donner, qu'avais-tu fait?

R.   Je l'avais sonnée.

D.   Durant combien de temps avais-tu sonné le clochette?

R.   Durant un moment.

D.   Quand tu m'as donné la clochette, devant qui l'avais-tu sonnée?

Je l'avais sonnée devant vous.

D.   L'avais-tu sonnée seulement devant moi?

R.   Non, Monsieur.

D.   Devant qui encore l'avais-tu sonnée?

R.   Je l'avais sonnée aussi devant mes camarades.

CHARLES! marche autour de la table, puis assieds-toi sur le tabouret.

D.   Sur quoi t'es-tu assis?

R.   Je me suis assis sur le tabouret.

D.   Avant de t'asseoir, autour de quoi avais-tu marché?

R.   J'avais marché autour de la table.

D.   Paul! Ce matin, es-tu allé à la récréation?

R.   Oui, Monsieur.

D.   Avant d'aller à la récréation, qu'avais-tu fait?

R.   Avant d'aller à la récréation, j'avais mangé.

D.   Où avais-tu mangé?

R.   J'avais mangé au réfectoire.

D.   Pierre! Ce matin, à quelle heure es-tu venu en classe?

R.   Je suis venu en classe à neuf heures.

D.   Où avais-tu été avant de venir en classe?

R.   Avant de venir en classe, j'avais été à la récréation.

D.   Pendant combien de temps avais-tu été à la récréation, avant de venir en classe?

R.   Quand je suis venu en classe, j'avais été à la récréation pendant plus d'une heure.

D.   Qu'as-tu fait à la récréation?

R.   J'ai joué aux barres, puis j'ai fait de la gymnastique.

D.   Avant de faire de la gymnastique, à quoi avais-tu joué?

R.   J'avais joué aux barres.

D.   Avec combien de camarades avais-tu joué aux barres?

R.   J'avais joué aux barres avec cinq camarades.

DIXIÈME LEÇON.

Du passé antérieur.

D.   Pierre! Hier au soir, allas-tu à l'église?

R.   Oui, Monsieur.

D.   Que fis-tu à l'église?

R.   Je récitai mes prières.

D.   Après que tu eus récité tes prières, que fis-tu?

R.   Après que j'eus récité mes prières, je sortis de l'église.

D.   Quand tu fus sorti de l'église, t'arrêtas-tu dans le vestibule?

R.   Non, Monsieur.

D.   Après que tu fus sorti de l'église, où allas-tu?

R.   Après que je fus sorti de l'église, j'allai au dortoir.

D.   Quand tu fus au dortoir, que fis-tu?

R.   Quand je fus au dortoir, je me désha-
        billai et je me couchai.
D.   Au lit, t'endormis-tu aussitôt?
R.   Oui, Monsieur.

Mes élèves! après que Pierre eut récité ses prières,
        il sortit de l'église.

D. Charles! Pierre sortit-il de l'église avant de ré-
        citer ses prières.
R.   Non, Monsieur.
D.   Quand sortit-il de l'église.
R.   Il sortit de l'église après qu'il eut ré-
        cité ses prières.
D.   Ce matin, quand Pierre est-il sorti de
        l'église?
R.   Il est sorti de l'église après qu'il eut
        assisté à la sainte messe.

ONZIÈME LEÇON.

Du futur antérieur.

D. Jean! Aujourd'hui, iras-tu à l'atelier?
R.   Oui, Monsieur.
D.   Dans quel but (pourquoi) iras-tu à l'atelier?
R.   J'irai à l'atelier pour travailler.
D.   Avant de commencer à travailler, que met-
        tras-tu?-
R.   Je mettrai mon tablier.

D.   Dans quel but (pourquoi) mettras-tu ton
      tablier?

R.   Je mettrai mon tablier pour ne pas salir
      mes vêtements.

D.   Quand tu auras mis ton tablier, que feras-
      tu?

R.   Quand j'aurai mis mon tablier, je travail-
      lerai.

D.   Tu travailleras après que tu auras mis
      quoi?

R.   Je travaillerai après que j'aurai mis mon
      tablier.

D.   Jusqu'à quelle heure travailleras-tu?

R.   Je travaillerai jusqu'à sept heures.

D.   A sept heures, que fera le portier?

R.   A sept heures, le portier sonnera la cloche.

D.   Après que le portier aura sonné la cloche,
      où iras-tu?

R.   Après que le portier aura sonné la cloche,
      j'irai au réfectoire.

DOUZIÈME LEÇON.

Propositions déductives. — *L'emploi des locutions conjonctives :*
Donc, en conséquence, voilà pourquoi, c'est pourquoi, par
suite.

D.   VICTOR! Le matin, te laves-tu la figure?

R.   Oui, Monsieur.

D.   Pourquoi te laves-tu la figure?

R.   Je me lave la figure parce qu'elle est sale.

D.   Le matin, as-tu la figure sale ou propre?

R.   J'ai la figure sale.

D.   Le matin, tu as la figure sale; en conséquence, tu fais quoi?

R.   En conséquence, je me lave.

D. GUSTAVE! En classe, es-tu attentif?

R.   Oui, Monsieur.

D.   Tu es attentif, pourquoi?

R.   Je suis attentif, parce que je veux bien apprendre ce que vous m'enseignez.

D.   Veux-tu bien apprendre ce que je t'enseigne?

R.   Oui, Monsieur.

D.   A cause de cela, comment es-tu en classe?

R.   C'est pour cela que je suis attentif.

D. JOSEPH! A la récréation, est-ce que tu joues?

R.   Oui, Monsieur.

D.   Lis-tu quelquefois?

R.   Oui, Monsieur.

D.   Etudies-tu quelquefois?

R.   Oui, Monsieur.

D.   A la récréation, ou tu joues, ou tu lis, ou tu étudies, pourquoi?

R.   Parce qu'à la récréation on ne doit pas rester oisif.

D.   Est-ce bien d'être oisif à la récréation?

R.   Non, Monsieur.

D.   A cause de cela, que dois-tu faire à la récréation?

R.   C'est pour cela qu'à la récréation je dois jouer, ou lire, ou étudier.

D.   Louis! Qu'est-ce que l'église?

R.   L'église est la maison de Dieu.

D.   A cause de cela, comment doit-on se tenir à l'église?

R.   A cause de cela, on doit se tenir à l'église avec un grand respect.

D.   Pierre! Les vêtements coûtent-ils de l'argent?

R.   Oui, Monsieur.

D.   C'est pour cela qu'on doit tâcher de faire quoi?

R.   C'est pour cela qu'on doit tâcher de ne pas les salir, ni les déchirer.

D. Charles! Pierre sait-il coudre les habits?

R.   Oui, Monsieur.

D.   A cause de cela, Pierre exerce quel métier?

R.   C'est pour cela que Pierre est tailleur.

D.   Pierre est tailleur, pourquoi?

R.   Pierre est tailleur, parce qu'il coud les habits.

D. ANDRÉ! Pierre parle-t-il?

R.   Oui, Monsieur.

D   Pierre parle, c'est pour cela qu'il est muet?

R.   Non, Nonsieur.

D.   Pierre parle, c'est pour cela qu'il est comment?

R.   Pierre parle, c'est pour cela qu'il est parlant.

D. PIERRE! André entend-il les mots?

R.   Non, Monsieur.

D.   André n'entend pas les mots parce qu'il est comment?

R.   Parce qu'il est sourd.

D.   André voit-il les objets?

R.   Oui, Monsieur.

D.   André voit les objets parce qu'il est comment?

R.   Parce qu'il est voyant.

D. HENRI! Pierre, quel âge a-t-il?

R.   Pierre a quinze ans.

D.   Pierre a quinze ans, c'est pour cela qu'il est vieux?

R.   Non, Monsieur.

D. Pierre a quinze ans, c'est pour cela qu'il est comment?

R. C'est pour cela qu'il est jeune.

D. CHARLES! Les fruits sont-ils savoureux?

R. Oui, Monsieur.

D. La pomme est-elle un fruit?

R. Oui, Monsieur.

D. Donc comment est la pomme?

R. Donc la pomme est savoureuse.

D. PAUL! Les aliments nourrissent-ils l'homme?

R. Oui, Monsieur.

D. Le pain est-il un aliment?

R. Oui, Monsieur.

D. Donc le pain nourrit qui?

R. Donc le pain nourrit l'homme.

D. GABRIEL! Les oiseaux volent-ils?

R. Oui, Monsieur,

D. Qu'est-ce que l'hirondelle?

R. L'hirondelle est un oiseau.

D. C'est pour cela que l'hirondelle fait quoi?

R. C'est pour cela que l'hirondelle vole.

D. PAUL! Quand il fait froid, l'eau gèle-t-elle?

R. Oui, Monsieur.

D. En hiver, fait-il froid?

R. Oui, Monsieur.

D.   Donc, en hiver, l'eau gèle-t-elle?

R.   Oui, donc, en hiver, l'eau gèle.

D. Arsène! Quand le ciel est serein, quel astre
        resplendit?

R.   Le soleil resplendit.

D.   Aujourd'hui, le ciel est-il serein?

R.   Oui, Monsieur.

D.   Donc, aujourd'hui, quel astre res-
        plendit?

R.   Donc, aujourd'hui, le soleil resplendit.

D. Charles! Les malades sont-ils faibles?

R.   Oui, Monsieur.

D.   Suis-je malade?

R.   Non, Monsieur.

D.   Suis-je donc faible?

R.   Non, Monsieur.

D.   Donc, comment suis-je?

R.   Vous n'êtes pas faible.

D. Pierre! Peut-on voir les esprits?

R.   Non, Monsieur.

D.   Peut-on toucher les esprits?

R.   Non, Monsieur.

D.   L'âme humaine, qu'est-elle?

R.   L'âme humaine est un esprit.

D.   Donc, peut-on toucher l'âme hu-
        maine?

R.   Non, Monsieur.

D.   Donc, peut-on voir l'âme humaine?

R.   Non, Monsieur.

D.   Donc, on ne peut ni voir, ni tou-
            cher l'âme humaine?

R.   Non, Monsieur.

D. MAXIME! L'être qui remue est-il vivant ou
            mort?

R.   Celui qui remue est vivant.

D.   Remues-tu?

R.   Oui, Monsieur.

D.   Donc, toi, comment es-tu?

R.   Donc, moi, je suis vivant.

D. VICTOR! L'homme pense-t-il?

R.   Oui, Monsieur.

D.   Moi, qui suis-je?

R.   Vous êtes un homme.

D.   Es-tu un homme?

R.   Oui, je suis un homme.

D.   Donc, que faisons-nous!

R.   Nous pensons.

D. FÉLIX! Les Sourds-Muets sans instruction
            sont-ils bien malheureux?

R.   Oui, Monsieur.

D.   Émile est-il un Sourd-Muet sans ins-
            truction?

R.   Oui, Monsieur.

D.　　　　Donc, comment est Emile?

R.　　　　Donc, Emile est un Sourd-Muet bien
　　　　　malheureux.

D.　JULES!　A qui les lunettes sont-elles utiles?

R.　　　　Les lunettes sont utiles aux personnes
　　　　　qui n'ont pas une bonne vue.

D.　　　　Ai-je une bonne vue?

R.　　　　Oui, Monsieur.

D.　　　　Les lunettes me sont-elles donc utiles?

R.　　　　Non, Monsieur.

D. CHARLES!　Pour qui Dieu créa-t-il les animaux?

R.　　　　Dieu créa les animaux pour l'homme.

D.　　　　Le cheval est-il un animal?

R.　　　　Oui, Monsieur.

D.　　　　Pour qui donc Dieu créa-t-il le cheval?

R.　　　　Dieu créa donc le cheval pour l'homme.

TROISIÈME COURS

PREMIER DEGRÉ

PREMIÈRE LEÇON.

Des verbes : Vouloir, commander, prier, désirer, permettre, *au mode subjonctif.*

Vouloir.

MES ÉLÈVES! souvent, au réfectoire, Charles heurte
Pierre et se moque de lui.

CHARLES! souvent, au réfectoire, tu heurtes
Pierre et tu te moques de lui. Il ne
veut pas que tu le pousses, ni que tu
te moques de lui.

Le maître.

D. PIERRE! Tu ne veux pas que Charles se moque
de toi?

R. Non, Monsieur.

D. As-tu dit à Charles que tu ne veux pas
qu'il se moque de toi?

R.   Oui, Monsieur.
D.   Mais, que fait-il?
R.   Mais il se moque de moi également.

Le maître.

PIERRE! quand il se moquera de toi, dis-le moi,
      je le punirai.

dis à Charles que tu ne veux pas qu'il
      te pousse, ni qu'il se moque de toi.

L'élève.

CHARLES! je ne veux pas que tu me pousses, ni
      que tu te moques de moi.

Commander. — Ordonner.

MES ÉLÈVES! Monsieur le Directeur commande que,
      chaque matin, vous brossiez vos ha-
      bits et ciriez vos souliers; mais,
      quelquefois, vous ne faites ni une
      chose, ni l'autre, en cela, vous lui
      désobéissez.

D.   JULES! Monsieur le Directeur ordonne que,
      chaque matin, tu brosses quelle
      chose?
R.   Il ordonne que je brosse mes habits.

D.   Brosses-tu toujours tes habits?

R.   Non, Monsieur.

D.   Pour cela, tu désobéis à qui?

R.   Pour cela, je désobéis à Monsieur le Directeur.

Prier.

MES ÉLÈVES! Les bons jeunes gens prient Dieu qu'il les aide à faire du bien.

je prie Dieu qu'il m'aide à observer sa loi.

D.   Louis! Pries-tu Dieu qu'il t'aide à pratiquer la vertu?

R.   Oui, Monsieur.

Louis! dis-moi les paroles que tu dis au Seigneur quand tu le pries qu'il t'aide à pratiquer la vertu.

L'élève.

Mon Dieu, je vous prie que vous m'aidiez à pratiquer la vertu.

Désirer.

MES ÉLÈVES! je désire que vous appreniez beaucoup de choses et bien; mais vous n'êtes pas attentifs; à cause de cela, vous n'apprenez pas beaucoup, et vous oubliez vite. Je dois donc vous répéter souvent ce que je vous ai expliqué.

CONJUGAISON.

L'élève.

Monsieur le professeur désire que j'apprenne beaucoup de choses, mais je suis peu attentif; à cause de cela, j'en apprends peu.

Monsieur le professeur désire que tu apprennes beaucoup de choses, mais tu es peu attentif; à cause de cela, tu en apprends peu.

Monsieur le professeur désire que Charles apprenne beaucoup de choses, mais il est peu attentif; à cause de cela, il en apprend peu.

Monsieur le professeur désire que toi et moi nous apprenions beaucoup de choses.

Monsieur le professeur désire que vous appreniez beaucoup de choses.

Monsieur le professeur désire que mes condisciples apprennent beaucoup de choses, mais ils sont peu attentifs; à cause de cela, ils en apprennent peu et les oublient vite; par conséquent, Monsieur le professeur doit leur répéter souvent les explications données.

Permettre.

Mes élèves! je permets que vous regardiez les images du *Monde peint.*

D.   Joseph! Que vous ai-je permis?

R.   Vous avez permis que nous regardions les images du *Monde peint.*

D.   J'ai permis que vous regardiez quelle chose?

R.   Vous avez permis que nous regardions les images du *Monde peint.*

D. Charles! Monsieur le Directeur permet-il quelquefois aux Sourds-Muets qu'ils regardent les images du *Monde peint?*

R.   Oui, quelquefois, il permet que les Sourds-Muets regardent les images du *Monde peint.*

D.   Permet-il que vous regardiez seulement les images du *Monde peint?*

R.   Non, Monsieur.

D.   Que permet-il encore?

R.   Il permet encore que nous regardions les images d'autres livres.

Pierre! pense des propositions avec le verbe au subjonctif, exprimant un désir; ces propositions indiquant une permission qu'on donne ou qui vous a été donnée.

DEUXIÈME LEÇON.

Même mode et même temps avec le verbe supposer.

D.   Pierre! Aujourd'hui, fait-il froid?
R.   Non, Monsieur.

Pierre! Supposons qu'aujourd'hui il fasse froid; qu'il y ait du verglas sur le chemin; qu'un vieillard se trouve dans la rue, qu'il glisse et qu'il tombe.

D.   Pierre! Supposons qu'il fasse quelle chose?
R.   Supposons qu'il fasse froid.
D.   Qu'il y ait quoi dans les chemins?
R.   Qu'il y ait du verglas.
D.   Que dans la rue se trouve qui?
R.   Que dans la rue se trouve un vieillard.
D.   Qu'il lui arrive quoi?
R.   Qu'il glisse et qu'il tombe.

Pierre! compose un petit récit sur ce vieillard que nous supposons se trouver dans la rue, glisser et tomber.

L'élève.

RÉCIT.

Cette nuit, il a fait très froid; c'est pourquoi il y a du verglas dans les rues. Un pauvre vieillard va à l'église avec son bâton. Il glisse et tombe par terre. Un jeune homme court vers lui, le relève et le conduit dans sa maison. Le vieillard remercie le jeune homme; celui-ci est content pour la bonne action qu'il a faite.

CHARLES! supposons qu'un filou enlève de la poche d'un Monsieur un mouchoir de soie et que ce Monsieur s'aperçoive du vol.

D. CHARLES! Supposons qu'un filou enlève de la poche d'un Monsieur quelle chose?

R.   Qu'il enlève un mouchoir de soie.

D.   Et que ce Monsieur s'aperçoive de quoi?

R.   Et qu'il s'aperçoive du vol.

CHARLES! Sur ce filou qui enleva de la poche d'un Monsieur un mouchoir de soie, compose un récit.

L'élève.

RÉCIT.

Un Monsieur était dans le Dôme et il priait. Il avait un coin de son mouchoir de soie hors de la poche de sa redingote.

Un filou le lui enleva. Ce Monsieur, s'apercevant du vol, se mit à crier : « Au voleur ! au voleur ! » Deux personnes prirent le filou par le collet et le remirent entre les mains des agents de police.

TROISIÈME LEÇON.

Du mode subjonctif, temps présent, exprimant nécessité et convenance moyennant les verbes falloir, convenir ; être probable, douteux.

Falloir.

MES ÉLÈVES ! Celui qui prête attention au maître apprend beaucoup de choses. Celui qui fait le contraire n'apprend rien. Il faut donc que vous me prêtiez attention.

D. PIERRE ! Celui qui prête attention au maître qu'apprend-il ?

R.   Il apprend beaucoup de choses.

D.   Qu'arrive-t-il à celui qui fait le contraire?

R.   Il arrive qu'il n'apprend rien.

D.   Il faut donc qu'en classe tu prêtes attention à qui?

R.   Il faut que je prête attention à vous.

MES ÉLÈVES! Celui parle vite et prononce mal les lettres de l'alphabet n'est compris de personne. Il faut donc que vous parliez lentement et prononciez toutes les lettres de l'alphabet.

D. CHARLES! Qui de vous parle vite?

R.   Pierre parle vite.

D.   Comment prononce-t-il les lettres de l'alphabet?

R.   Il prononce mal les lettres de l'alphabet.

D.   Par suite, est-il compris de ses parents?

R.   Non, Monsieur.

D.   Il faut qu'il parle comment?

R.   Il faut qu'il parle lentement.

D.   Et qu'il prononce les lettres de l'alphabet comment?

R.   Et qu'il prononce bien les lettres de l'alphabet.

D.   Il faut qu'il parle lentement et qu'il

prononce bien les lettres de l'alphabet, pour quelle fin?

R. Il faut qu'il parle lentement et qu'il
prononce bien les lettres de l'alphabet, pour se faire comprendre des
personnes.

D. Est-ce que je lui dis souvent de parler
lentement?

R. Oui, Monsieur.

D. M'écoute-t-il?

R. Non, Monsieur.

D. Il ne m'écoute pas, pourquoi?

R. Il ne vous écoute pas, parce qu'il continue à parler vite et à mal prononcer les lettres de l'alphabet.

Convenir.

MES ÉLÈVES! pour aller de l'Institution à la place du
Dôme, on parcourt la rue de Turin.
On peut aussi suivre les rues Saint-
Vito, Olmetto, Saint-Alexandre, Ar-
cimboldi, Falcone et Charles-Albert.
On emploie un quart d'heure en suivant
la rue de Turin, et presque une de-
mi-heure en suivant les autres rues.
Je dois aller chaque jour sur la place
du Dôme.

Pour aller à la place du Dôme, il convient que je suive la rue de Turin et non les autres rues.

D.   Jules! Pour aller de l'Institution à la place du Dôme, quelles rues suit-on?

R.   On suit la rue de Turin.

D.   Peut-on suivre d'autres rues?

R.   Oui, Monsieur.

D.   Quelles autres rues peut-on suivre?

R.   On peut suivre les rues Saint-Vito, Olmetto, Saint-Alexandre, Arcimboldi, Falcone et Charles-Albert.

D.   Combien de temps emploie-t-on en suivant la rue de Turin?

R.   On emploie un quart d'heure.

D.   Et les autres rues?

R.   Presque une demi-heure.

D.   Où dois-je aller chaque jour?

R.   Vous devez aller sur la place du Dôme.

D.   Convient-il que je suive la rue de Turin ou les autres rues?

R.   Il convient que vous suiviez la rue de Turin.

D.   Il convient que je suive la rue de Turin, pourquoi?

R.   Il convient que vous suiviez la rue de Turin, parce qu'on emploie seulement un quart d'heure.

D. Combien emploie-t-on de temps, au contraire, en suivant les autres rues?

R. On emploie presque une demi-heure.

Etre probable. — Etre douteux.

MES ÉLÈVES! Aujourd'hui, le temps est mauvais; par suite, il est douteux que M. le Président vienne à l'Institution

Si jeudi il fait beau temps, il est probable que j'aille à la campagne.

D. CHARLES! Je désire aller jeudi où?

R. Vous désirez aller à la campagne.

D. Irai-je jeudi sûrement à la campagne?

R. Non, Monsieur.

D. Cependant, est-il probable que j'aille à la campagne?

R. Oui, Monsieur.

D. Il est probable que j'aille à la campapagne, s'il fait quoi?

R. Il est probable que vous alliez à la campagne, s'il fait beau temps.

QUATRIÈME LEÇON.

Le verbe au temps présent et passé du mode subjonctif exprimant doute, crainte *et* surprise *avec les verbes* douter, craindre *et* s'étonner.

MES ÉLÈVES! Alfred ne joue pas souvent à la récréation, il se promène loin de ses camarades; à cause de cela vous pouvez douter qu'il vous aime.

D. OCTAVE! Alfred que fait-il souvent pendant la récréation?

R. Souvent il ne joue pas pendant la récréation, il se promène loin de ses camarades.

D. Alfred vous hait-il?

R. Je ne le sais pas.

D. Vous aime-t-il?

R. Je ne le sais pas.

D. Vous parle-t-il souvent brusquement?

R. Non, Monsieur.

D. Quand vous vous approchez de lui, que vous dit-il?

R. Il s'éloigne en nous disant qu'il veut rester seul.

D. C'est pourquoi vous doutez qu'il vous aime?

R. Oui, Monsieur.

MES ÉLÈVES! Certainement vous vous trompez. Alfred est bon et pieux. Quand il est seul à la récréation, il pense à ses devoirs, à ses leçons. Qui hait ses camarades est méchant avec tous. La haine se manifeste par de mauvaises actions.

Craindre.

MES ÉLÈVES! Il y a longtemps que ma mère ne m'écrit plus, je crains qu'elle ne soit malade.

D.   VICTOR! Ma mère habite-t-elle Milan?

R.   Non, Monsieur.

D.   Il y a longtemps que je ne reçois plus de nouvelles de qui?

R.   Il y a longtemps que vous ne recevez plus de nouvelles de votre mère.

D.   Est-elle malade?

R.   Je ne le sais pas.

D.   Est-ce que je sais comment elle se porte?

R.   Non, Monsieur.

D.   Pourquoi est-ce que je ne sais pas comment elle se porte?

R.   Parce qu'il y a longtemps qu'elle ne vous écrit plus.

D.   A cause de cela, qu'est-ce que je crains?

R.   A cause de cela, vous craignez qu'elle ne soit malade.

MES ÉLÈVES! Dans ce moment, mon âme est agitée, parce que maman ne m'écrit pas. Si elle est malade, je crains qu'elle ne reste pas longtemps vivante.

S'étonner.

MES ÉLÈVES! Il y a seulement deux jours que je porte ces bottines. Je suis étonné de ce qu'elles soient déjà déchirées.

D. CHARLES! Mes bottines, comment sont-elles?

R.   Elles sont neuves.

D.   Elles sont neuves, pourquoi?

R.   Parce que vous les portez seulement depuis deux jours.

D.   Que leur est-il arrivé?

R.   Il est arrivé qu'elles sont déjà déchirées.

D.   Elles sont déjà déchirées, pourquoi?

R.   Elles sont déjà déchirées parce que la peau n'est pas bonne.

D.   La peau des bottes se coupe au bout de combien de temps?

R.   Elle se coupe au bout d'un long temps.

D.   Au contraire, la peau de mes bottines s'est coupée au bout de combien de jours?

R.   Elle s'est coupée au bout de deux jours.

D.   A cause de cela, comment suis-je?

R.   A cause de cela, vous êtes étonné.

D.   Je suis étonné de quoi?

R.   Vous êtes étonné de ce que vos bottines se soient déchirées.

D.   Pourquoi suis-je étonné?

R.   Parce qu'il y a seulement deux jours que vous les portez.

CINQUIÈME LEÇON.

Du pronom on.

MES ÉLÈVES! Les domestiques de l'Institution disent que cette nuit le vent a fait écrouler la cheminée d'une maison voisine, parce qu'ils entendirent un grand bruit, puis des pierres tombant dans la rue.

D.   PIERRE! Que dit-on dans l'Institution?

R.   On dit que cette nuit, le vent a fait écrouler la cheminée d'une maison voisine de l'Institution.

D.   Pourquoi dit-on que le vent a fait
écrouler une cheminée?

R.   Parce qu'on a entendu un grand bruit
puis des pierres tombant dans la
rue.

D.   Donc, on n'est pas sûr que la cheminée soit tombée?

R.   Non, Monsieur.

MES ÉLÈVES! beaucoup de personnes de notre rue
disent que cette nuit quelques vo-
leurs ont tenté de voler la mar-
chande de tabac et se sont enfuis,
parce qu'ils ont vu venir les agents
de police.

D. CHARLES! Au lieu de beaucoup de personnes de
notre rue disent, etc., comment
peut-on dire?

R.   On peut dire : Dans notre rue, on
dit, etc.

SIXIÈME LEÇON.

Le verbe au passé défini.

MES ÉLÈVES! Il y a quelques jours, M. le Directeur
permit à tous les Sourds-Muets d'al-
ler au jardin; Arthur et Félix n'y
allèrent pas et restèrent dans la
cour pour jouer aux boules.

D. Charles! Il y a quelques jours, M. le Directeur te permit d'aller où?

R.   Il me permit d'aller au jardin.

D.   Il permit à Pierre d'aller où?

R.   Il permit à Pierre d'aller au jardin.

D.   Que vous permit-il?

R.   Il nous permit d'aller au jardin.

D.   Il permit à tous les Sourds-Muets d'aller où?

R.   D'aller au jardin.

D.   Mais Arthur et Félix, que firent-ils?

R.   Ils n'y allèrent pas.

D.   Où restèrent-ils?

R.   Ils restèrent dans la cour.

SEPTIÈME LEÇON.

Du plus-que-parfait du subjonctif.

Mes élèves! Hier, je vous ai ordonné que, pour ce matin, vous eussiez copié au net (dans le cahier propre) l'instruction religieuse sur le premier commandement; mais vous ne m'avez pas obéi.

D.   Jules! Hier, que vous ai-je ordonné?

R.   Vous nous avez ordonné que, pour ce matin, nous eussions copié au net l'instruction religieuse sur le premier commandement.

D.   M'avez-vous obéi?

R.   Non, Monsieur.

D.   A cause de cela, que méritez-vous?

R.   Nous méritons que vous nous punissiez.

CONJUGAISON.

Mon professeur m'a ordonné que, pour ce matin, j'eusse copié au net l'instruction religieuse; mais je ne lui ai pas obéi.

Le professeur t'a ordonné, etc.

Mes élèves! Ce matin, M. le Directeur a ordonné au portier qu'à neuf heures il eût déjà nettoyé et mis en ordre le salon.

Il y a quelques jours, j'ai ordonné à mon cordonnier que les bottines que lui ai commandées fussent terminées pour aujourd'hui; mais, au contraire, elles ne le sont pas encore.

Hier, j'ai reçu une lettre bordée de noir; avant de l'ouvrir, j'avais peur que quelque parent ne fût mort;

mais c'était un de mes amis qui m'écrivait, il a perdu son père il y a un mois, par conséquent à présent ses lettres sont bordées de noir.

HUITIÈME LEÇON.

De la préposition avant *unie à la conjonction* que.

MES ÉLÈVES! Chaque matin, avant qu'on ne commence la classe, je prie Dieu qu'il éclaire mon esprit et me donne la patience de pouvoir bien vous instruire.

DEUXIÈME DEGRÉ

PREMIÈRE LEÇON.

De la conjonction si, employée avec le verbe au mode conditionnel, temps présent.

D. PIERRE! Suis-je malade?
R. Non, Monsieur.
D. Comment suis-je?
R. Vous êtes bien portant.

MES ÉLÈVES! Si j'étais malade, je ne serais pas en classe.

JULES! Si tu étais malade, tu ne serais pas en classe.

MES ÉLÈVES! Si Pierre était malade, il ne serait pas en classe.

Si nous étions malades, nous ne serions pas en classe.

Si vous étiez malades, vous ne seriez pas en classe.

Si Pierre et Charles étaient malades, ils ne seraient pas en classe.

D. CHARLES! Ai-je mal à une jambe?
R. Non, Monsieur.

MES ÉLÈVES! Si j'avais mal à une jambe, je boiterais.

JULES! Si tu avais mal à une jambe, tu boiterais.

MES ÉLÈVES! Si M. Louis boitait, il aurait une jambe malade, etc., etc.

D. PAUL! Aujourd'hui, pleut-il?

R. Non, Monsieur.

D. S'il pleuvait, que porteraient les personnes?

R. Les personnes porteraient des parapluies.

D. Comment seraient les chemins?

R. Les chemins seraient boueux.

D. Comment marcheraient les personnes?

R. Les personnes marcheraient avec précaution.

MES ÉLÈVES! S'il y avait du vent, je tiendrais les fenêtres fermées; les vitres trembleraient; dans les chemins s'éléverait de la poussière, laquelle pénétrerait dans la classe, salirait les bancs, les tables, les chaises et les tableaux.

La grêle ruine la campagne. Si, à présent, il grêlait, la campagne serait ruinée.

Maintenant il ne grêle pas. A cause
de cela, la campagne n'est pas ruinée.

DEUXIÈME LEÇON.

Le même mode au temps passé.

MES ÉLÈVES ! Si, cette nuit, il avait neigé, vous
n'auriez pas été jouer dans la
cour.

MES ÉLÈVES ! Si, hier au soir, vous n'aviez pas étudié
votre leçon, ce matin vous ne l'au-
riez pas sue par cœur et, à cause de
cela, je vous aurais grondés.

D.   JULES ! Si, hier au soir, tu n'avais pas étudié
ta leçon, ce matin l'aurais-tu sue
par cœur ?

R.   Non, Monsieur.

D.   Ce matin, comment l'as-tu récitée ?

R.   Je l'ai bien récitée.

D.   Pourquoi l'as-tu bien récitée ?

R.   Parce que je l'ai étudiée avec bonne
volonté et attention.

D.   Si tu ne l'avais pas étudiée, que t'au-
rais-je fait ?

R.   Vous m'auriez puni.

D. Si tu n'étudiais jamais, pourrais-tu apprendre?

R. Non, Monsieur.

D. Si tu n'étudiais jamais, tu ne pourrais pas apprendre. — Cette phrase est-elle particulière ou générale?

R. Elle est générale.

MES ÉLÈVES! Si, jeudi, il n'avait pas plu, vous seriez allés à la promenade.

Hier, Charles gâta un ouvrage dans l'atelier. S'il avait travaillé avec attention, il ne l'aurait pas gâté.

Hier, Arthur a fait l'étourdi. S'il n'avait pas fait l'étourdi, Monsieur le Directeur ne l'aurait pas grondé.

TROISIÈME LEÇON.

Le verbe au conditionnel, temps présent.

MES ÉLÈVES! J'ai soif, c'est pourquoi je boirais un verre d'eau; mais je ne le bois pas parce que l'eau me fait mal.

Aujourd'hui, après la classe, j'irais volontiers faire une promenade; mais je ne le puis pas, parce que j'attends un de mes parents.

D.   Ai-je faim?

R.   Je ne le sais pas.

D.   Ai-je soif?

R.   Oui, Monsieur.

D.   Pour cela, que boirais-je?

R.   Vous boiriez un verre d'eau.

D.   Mais je ne le bois pas, pourquoi?

R.   Parce que l'eau vous fait mal.

D.   Si l'eau ne me faisait pas mal, que ferais-je?

R.   Si l'eau ne vous faisait pas mal, vous en boiriez un verre.

D.   J'en boirais un verre, pourquoi?

R.   Parce que vous avez soif.

D.   Boirais-je un verre d'eau?

R.   Oui, Monsieur.

D.   Est-ce que je bois de l'eau?

R.   Non, Monsieur.

D.   Je ne la bois pas, pourquoi?

R.   Parce qu'elle vous fait mal.

D.   Si elle ne me faisait pas mal, que ferais-je?

R.   Vous boiriez de l'eau.

MES ÉLÈVES! Je désirerais, pour le mois de mars, vous expliquer l'histoire de Moïse.

Si je vous expliquais toute l'histoire de Moïse pour le mois de mars, je contenterais mon désir.

QUATRIÈME LEÇON.

Du même mode au temps passé.

D. Charles! Dimanche, serais-tu allé volontiers chez toi?

R. Oui, Monsieur.

D. Tu serais allé volontiers chez toi, dans quel but?

R. Je serais allé volontiers chez moi pour voir mes parents et pour rester un peu de temps avec eux.

D. Tu n'es pas allé chez toi, pourquoi?

R. Parce que M. le Directeur ne m'a pas donné la permission.

D. Si M. le Directeur t'avait donné la permission d'aller chez toi, y serais-tu allé volontiers?

R. J'y serais allé volontiers.

CINQUIÈME LEÇON.

Des interjections ou exclamations. — De l'exclamation aïe!

Pierre! pince Charles.

D. Charles! Pendant que Pierre te pinçait, que sentais-tu?

R.   Je sentais de la douleur.

D.   Qu'as-tu dit?

R.   J'ai dit : *aïe!*

D.   *Aïe!* que signifie-t-il?

R.   *Aïe!* signifie : Quelle douleur je sens!

MES ÉLÈVES! Heureux! si vous aviez fait toujours le bien!

Malheur à nous! si nous avions la haine dans le cœur!

Malheur à vous! si vous ne respectiez pas vos parents!

D. CHARLES! Si vous aviez fait toujours le bien, comment seriez-vous?

R.   Nous serions heureux.

D.   Si nous avions la haine dans le cœur, comment serions-nous?

R.   Nous serions malheureux.

D.   Si vous ne respectiez pas vos parents, qui vous châtierait?

R.   Dieu nous châtierait.

D.   Si à la fin de votre instruction vous observiez bien la loi de Dieu, que satisferiez-vous?

R.   Nous satisferions votre désir et celui de nos chers parents.

TROISIÈME DEGRÉ

PREMIÈRE LEÇON.

De la locution conjonctive afin que.

MES ÉLÈVES ! Je parle lentement, afin que vous compreniez bien ce que je dis.

D. CHARLES ! Comment est-ce que je parle ?

R. Vous parlez lentement.

D. Je parle lentement, afin que vous compreniez quoi ?

R. Vous parlez lentement, afin que nous
comprenions ce que vous nous dites.

D. Je désire que vous compreniez quoi ?

R. Vous désirez que nous comprenions
ce que vous nous dites.

D. Quand je vous parle, me comprenez-
vous toujours ?

R. Non, Monsieur.

MES ÉLÈVES ! Je parle lentement pour obtenir une
fin.

D. CHARLES ! Quelle est la fin que je veux obtenir ?

R. La fin que vous voulez obtenir est que
nous comprenions ce que vous nous
dites.

D.   Pour obtenir cette fin, qu'est-ce que je fais?

R.   Pour obtenir cette fin, vous parlez lentement.

D.   Est-ce que j'obtiens toujours la fin?

R.   Non, Monsieur.

Mes élèves! Vous devez avoir soin de vos vêtements, afin qu'ils durent longtemps.

Vous devez souvent prier le Seigneur, afin qu'il vous aide à faire le bien.

DEUXIÈME LEÇON.

De la locution conjonctive pourvu que.

Mes élèves! Après le cours d'instruction, vous quitterez l'Institution contents, et bientôt vous pourrez gagner de quoi vivre, pourvu que maintenant vous étudiiez et appreniez bien votre métier.

D.   Pierre! Si vous n'étudiiez pas, à la fin de l'instruction seriez-vous contents?

R.   Non, Monsieur.

D.   Vous ne seriez pas contents, pourquoi?

R.   Nous ne serions pas contents, parce que nous connaîtrions peu de choses.

D.   Vous seriez encore comment?

R.   Nous serions encore ignorants.

D.   Si vous n'appreniez pas bien votre
          métier, quand vous quitterez l'Ins-
          titution qu'arriverait-il?

R.   Nous ne pourrions gagner de quoi vi-
          vre.

D.   Qui devrait vous venir en aide?

R.   Nos parents.

D.   Donc, que devez-vous faire?

R.   Nous devons étudier avec application
          et bien apprendre notre métier.

D.   Vous devez bien apprendre votre mé-
          tier, afin que vous gagniez quoi?

R.   Afin que nous gagnions de quoi vi-
          vre.

Mes élèves! Si vous n'appreniez pas bien votre mé-
          tier ici dans l'Institution, quand vous
          aurez fini votre cours d'études, vous
          ne pourriez pas immédiatement ga-
          gner de quoi vivre.

          Vous gagnerez de quoi vivre aussitôt
          après votre sortie de l'Institution,
          pourvu qu'à présent vous appreniez
          bien votre métier.

Mes élèves! Si vous n'étudiiez pas, après avoir fini
          le temps de votre instruction, vous

ne pourriez être contents, parce que vous seriez encore ignorants.

Vous serez contents, pourvu que vous deveniez riches de connaissances, que vous appreniez bien la langue afin de pouvoir communiquer facilement avec les personnes.

Mes élèves! Quand vos parents seront vieux, vous pourrez les aider, pourvu que vous ne dissipiez pas votre gain.

Quand vous aurez fini votre instruction, vous serez aimés et estimés de vos connaissances, pourvu que vous soyez honnêtes.

Dieu vous bénira en cette vie par la paix, pourvu que vous observiez sa loi.

Celui qui est méchant pourra devenir vertueux, pourvu qu'il se repente de ses péchés et qu'ensuite il pratique la vertu avec persévérance.

Dieu pardonne à l'impie, pourvu qu'il se repente de ses fautes, de tout son cœur.

La pluie est bienfaisante pour la cam-

- pagne, pourvu qu'elle ne continue
-pas longtemps.

On digère facilement la nourriture,
pourvu qu'on la mâche très bien.

TROISIÈME LEÇON.

Des locutions conjonctives de manière que... de sorte que...
de façon que...

Mes élèves! Vous devez parler, de manière que
tous vous comprennent.

D.   Jules! Afin que tous vous comprennent, comment devez-vous parler?

R.   Nous devons parler lentement, et bien
prononcer les syllabes.

D.   De quelle manière devez-vous parler?

R.   Nous devons parler de manière que
tous nous comprennent.

D.   Si Charles parlait vite et prononçait
mal les lettres de l'alphabet, de
quelle façon parlerait-il?

R.   Il parlerait de façon que personne ne
le comprendrait.

D.   Charles, comment prononce-t-il les
syllabes?

R.   Il prononce bien les syllabes.

D.   Charles parle-t-il lentement ou vite?

R.   Il parle lentement.

D.   Donc, il parle de quelle sorte?

R.   Il parle de sorte que tous le comprennent.

QUATRIÈME LEÇON.

Des locutions conjonctives bien que, quoique *et autres,*
marquant opposition.

D. Mes élèves! Aujourd'hui, fait-il froid?

R.   Oui, Monsieur.

D.   Les fenêtres, comment sont-elles?

R.   Elles sont ouvertes.

Mes élèves! Aujourd'hui, il fait froid. — Les fenêtres sont ouvertes.

Aujourd'hui, il fait froid. — Je tiens les fenêtres ouvertes.

D.   Est-ce bien de tenir les fenêtres ouvertes?

R.   Non, Monsieur.

Mes élèves! Bien qu'il fasse froid, aucun de vous n'a d'engelures ni aux pieds, ni aux mains.

D.   Charles! Quelques Sourds-Muets ont-ils des engelures aux pieds et aux mains?

R.   Oui, Monsieur.

D.   Ils ont des engelures aux pieds et aux mains, pourquoi?

R. Parce qu'il fait froid.

D. Le froid, que fait-il venir aux pieds et aux mains?

R. Le froid fait venir des engelures aux pieds et aux mains.

D. Bien qu'il fasse froid, que n'avez-vous pas tous aux pieds, ni aux mains?

R. Bien qu'il fasse froid, nous n'avons pas tous d'engelures aux pieds, ni aux mains.

CINQUIÈME LEÇON.

Des idées de cause et d'effet enseignées par la réflexion.

CHARLES! secoue un torchon.

D. Que s'est-il soulevé?

R. Il s'est soulevé beaucoup de poussière.

D. Il s'est soulevé beaucoup de poussière, pourquoi?

R. Il s'est soulevé beaucoup de poussière, parce que j'ai secoué le torchon.

D. CHARLES! Si tu n'avais pas secoué le torchon, le soulèvement de la poussière se serait-il produit?

R. Non, Monsieur.

D.   Le soulèvement de la poussière a été
          produit par quoi?
R.   Il a été produit par le secouement du
          torchon.
D.   Quelle est la cause?
R.   Le secouement du torchon.
D.   Et l'effet?
R.   Le soulèvement de la poussière.

SIXIÈME LEÇON.

*Du participe présent représentant la cause qui porte l'homme
à faire telle ou telle chose.*

MES ÉLÈVES! Ce matin, Pierre a pris une médecine,
          parce qu'il est malade.

          Pierre étant malade, a pris, ce matin,
          une médecine.

D.   PIERRE! comment est-il?
R.   Il est malade.
D.   Etant malade, qu'a-t-il pris ce matin?
R.   Etant malade, il a pris une médecine.

MES ÉLÈVES! M. lé Surveillant a puni Arthur, parce
          qu'il a désobéi.

          Arthur ayant désobéi à M le Surveil-
          lant, celui-ci l'a puni.

SEPTIÈME LEÇON.

*Du participe présent indiquant la manière ou le moyen
d'exécuter une action ou d'obtenir une fin.*

MES ÉLÈVES! pendant l'hiver, on chauffe la classe en
allumant le poêle.

D.   JULES! Dans l'école, y a-t-il un poêle?
R.   Oui, Monsieur.
D.   Quand l'allume-t-on?
R.   En hiver.
D.   On l'allume pour quelle fin?
R.   On l'allume pour chauffer l'école.
D.   En hiver, on chauffe l'école en allu-
            mant quoi?
R.   En y allumant le poêle.
D.   En allumant le poêle dans l'école,
            qu'obtient-on?
R.   En allumant le poêle dans l'école, on
            obtient la chaleur.
D.   En allumant le poêle dans l'école, c'est
            le moyen d'obtenir quelle chose?
R.   C'est le moyen d'obtenir la chaleur.

HUITIÈME LEÇON.

De l'idée de conséquence.

D. JULES! Maintenant, comment est le ciel?
R.   Il est nébuleux.

D.   Pour cette raison, qu'est-ce qu'on ne voit pas?

R.   Pour cette raison, on ne voit pas le soleil.

D.   Quel effet est produit par le ciel nébuleux?

R.   L'effet de ne pas laisser voir le soleil.

D.   On ne voit pas le soleil, pourquoi?

R.   Parce que le ciel est nébuleux.

D.   De ce que le ciel est nébuleux, que déduit-on?

R.   On déduit qu'on ne voit pas le soleil.

D.   Ne pas voir le soleil est la conséquence de quoi?

R.   Est la conséquence de ce que le ciel est nébuleux.

D.   Si le ciel n'était pas nébuleux, que verrait-on?

R.   On verrait le soleil.

MES ÉLÈVES! Aujourd'hui, le ciel est nuageux, pour ce motif, on ne voit pas le soleil.

De la proposition : « Aujourd'hui le ciel est nuageux, » on a déduit : « On ne voit pas le soleil. »

QUATRIÈME DEGRÉ

PREMIÈRE LEÇON.

Du pronom *dont.*

Mes élèves! Quand vous avez fait votre première
Communion, je vous ai donné une
image dont la marge était dentelée.

D. Charles! Le jour de votre première Communion,
je vous ai fait cadeau de quoi?

R. Vous nous avez fait cadeau d'une
image.

D. Comment était la marge de cette
image?

R. La marge de cette image était dentelée.

D. Je vous ai fait cadeau d'une image
dont la marge était comment?

R. Vous nous avez fait cadeau d'une
image dont la marge était dentelée.

D. Le jour de votre première Communion, je vous ai fait cadeau d'une
image, laquelle avait quoi?

R. Laquelle avait la marge dentelée.

D.   *Laquelle* avait la marge dentelée, — *laquelle* représente quelle chose?

R.   *Laquelle* représente cette image.

MES ÉLÈVES! Cette image avait la marge dentelée. — Le sujet de cette proposition est l'image. Le nom principal ou sujet ne peut pas être représenté par le pronom *dont,* mais seulement par les pronoms : *Qui* ou *lequel, laquelle, lesquels, lesquelles.*

MES ÉLÈVES! Le mur auquel j'ai suspendu les tableaux est humide.

L'ardoise sur laquelle écrit Charles n'est pas bien polie.

DEUXIÈME LEÇON.

Des locutions adverbiales tellement que, à tel point.

MES ÉLÈVES! Il y a quelques jours, je fis une longue promenade ; je me fatiguai tellement que, lorsque j'arrivai à la maison, je ne pouvais me tenir sur mes deux pieds.

D.   PIERRE! Il y a quelques jours, qu'est-ce que je fis?

R.   Vous fîtes une longue promenade.

D.	Je me fatiguai peu ou beaucoup?

R.	Vous vous fatiguâtes beaucoup.

D.	Je me fatiguai tellement que, lorsque j'arrivai à la maison, je ne pouvais plus me tenir comment?

R.	Vous vous fatiguâtes tellement que, lorsque vous arrivâtes à la maison, vous ne pouviez plus vous tenir debout.

Mes élèves! Un jour, un enfant attaqua une ruche, et les abeilles le piquèrent à tel point, qu'il dut aller au lit en souffrant des douleurs très vives.

D. Arthur! Les abeilles piquèrent cet enfant beaucoup ou peu?

R.	Elles le piquèrent beaucoup.

D.	Elles le piquèrent à tel point qu'il dut aller où?

R.	Elles le piquèrent à tel point qu'il dut aller au lit.

D.	Il dut aller au lit, pourquoi?

R.	Il dut aller au lit parce que les abeilles le piquèrent beaucoup, et la douleur des piqûres l'empêchait de se tenir levé.

D.	Pour guérir des piqûres d'abeilles, qu'emploie-t-on?

R.	On emploie l'ammoniaque.

MES ÉLÈVES! Il y a quelques jours, un cheval était devenu tellement furieux, qu'il cassa les brancards de la voiture à laquelle il était attelé, et s'enfuit.

La pluie d'hier inonda la cour à tel point qu'elle restera mouillée pendant plusieurs jours.

Hier, Pierre se mouilla à tel point qu'il dut changer jusqu'à sa chemise.

TROISIÈME LEÇON.

Des locutions non seulement, mais aussi, mais encore.

D. CHARLES! Aimes-tu Jules?

R. Oui, Monsieur.

D. L'aimes-tu beaucoup ou peu?

R. Je l'aime beaucoup.

D. Pries-tu Dieu pour lui?

R. Oui, Monsieur.

D. Quand il ne sait pas faire son devoir, que fais-tu?

R. Je l'aide.

D. Partages-tu avec lui les cadeaux que te font tes parents?

R. Oui, Monsieur.

D. Quand Jules était malade, que ressentais-tu?

R.   Je ressentais de la tristesse.

D.   Es-tu allé le visiter?

R.   Oui, Monsieur.

D.   Tu es compagnon de Jules?

R.   Oui, Monsieur, je suis son compagnon, parce que nous sommes dans la même Institution.

CHARLES! Tu n'es pas seulement compagnon de Jules, mais tu es aussi son ami.

MES ÉLÈVES! Non seulement Charles est compagnon de Jules, mais il est encore son ami.

D. PIERRE! Faut-il écouter les mauvais compagnons?

R.   Non, Monsieur.

D.   Non seulement il ne faut pas écouter les mauvais compagnons, mais que faut-il faire encore?

R.   Il faut encore les fuir.

D. JOSEPH! Devons-nous respecter nos parents?

R.   Oui, Monsieur.

D.   Non seulement nous devons respecter nos parents, mais que devons-nous faire encore?

R.   Nous devons aussi les aimer et les vénérer.

D. Pourquoi devons-nous les aimer et les vénérer?

R. Parce qu'ils nous ont donné la vie et qu'ils représentent Dieu.

D. PAUL! Quand vous aurez fini votre instruction, qui devez-vous consoler et aider?

R. Nous devons consoler et aider nos parents.

D. Comment les consolerez-vous?

R. Par notre bonne conduite.

D. Qui devez-vous consoler par votre bonne conduite?

R. Nous devons consoler, par notre bonne conduite, notre père et notre mère.

D. Non seulement vous devez consoler vos parents par votre bonne conduite, mais que devez-vous faire encore?

R. Nous devons les assister et ne jamais les abandonner.

MES ÉLÈVES! Non seulement vous devez consoler, par votre bonne conduite, vos parents, mais aussi vous devez les assister, surtout quand ils sont malades et âgés.

Non seulement quelques enfants ne

secourent pas leurs parents, mais encore quoique adultes, ils veulent vivre à leur charge.

QUATRIÈME LEÇON.

De l'adverbe ainsi *indiquant* de cette manière.

Mes élèves! Dans cette classe il y a huit bancs. Ils sont autour de moi. Les bancs ainsi disposés sont bien.

D. Joseph! Les bancs ainsi disposés sont bien, pourquoi?

R. Les bancs ainsi disposés sont bien parce que nous pouvons vous voir quand vous parlez.

Mes élèves! Les bancs disposés de cette manière sont bien parce que, quand je vous parle, vous pouvez me voir, et par conséquent lire les mots sur mes lèvres.

D. Pierre! Ici, dans l'Institution, y a-t-il un atelier de tailleur?

R. Oui, Monsieur.

D. Qui de vous est tailleur?

R. Je suis tailleur.

D. Quand le chef de ton atelier doit faire

une jaquette, que mouille-t-il en commençant?

R. En commençant, il mouille l'étoffe.

D. Quand elle est sèche, que fait-il?

R. Il l'étend sur la table; puis, avec les ciseaux, il coupe le devant, le derrière, les manches et le collet.

D. L'étoffe ainsi coupée, à qui la donne-t-il?

R. Il la donne aux Sourds-Muets.

D. Pour faire une jaquette, taille-t-on toujours l'étoffe de cette manière?

R. Oui, Monsieur.

D. Il donne l'étoffe coupée aux Sourds-Muets pour qu'ils fassent quoi?

R. Afin qu'ils cousent les parties de devant à celles de derrière; chaque manche, au tour de bras; et le collet, au tour de cou de la jaquette.

D. Ensuite, que fait-on?

R. Ensuite, on fait les remplis, on coupe les boutonnières aux devants, et on y coud des boutons.

D. Quand on a cousu les boutons, la jaquette est-elle finie?

R. Non, Monsieur.

D. Que fait-on encore?

R. On aplatit les coutures avec un fer chaud.

D.   Et ainsi on termine quoi?

R.   Et ainsi on termine la jaquette.

CINQUIÈME LEÇON.

De la locution en effet, *signe de liaison entre des propositions successives.*

MES ÉLÈVES! Le plus grand des bienfaits que vous recevez est l'instruction. En effet, sans elle vous grandiriez muets, et vous ne pourriez jamais connaître Dieu et sa loi, ni les autres choses nécessaires pour vivre en société.

D. CHARLES! Le plus grand des bienfaits que vous recevez, quel est-il?

R.   C'est l'instruction.

D.   C'est l'instruction, pourquoi?

R.   C'est l'instruction, parce que sans elle nous ne connaîtrions rien.

SIXIÈME LEÇON.

Du participe présent et de l'adjectif verbal.

MES ÉLÈVES! J'ai un bâton ayant un pommeau en argent.

D. CHARLES? Qu'ai-je?

R.   Vous avez un bâton ayant un pommeau en argent.

D. J'ai un bâton, lequel a quoi?

R. Lequel a un pommeau en argent.

Mes élèves! Quelques personnes ont une montre ayant les aiguilles d'or.

Vous avez un porte-plume ayant au bout un petit bouton en métal.

Dans la petite église de l'Institution, il y a, suspendues aux arcs, des tentures ayant des franges et des glands.

Il y a quelques jours, j'ai acheté un livre ayant sur la couverture le portrait d'un roi.

SEPTIÈME LEÇON.

Le participe au temps passé.

Mes élèves! Quand vous allez à l'atelier, après que vous avez mis le tablier, vous travaillez.

Mes élèves! Quand vous allez à l'atelier, le tablier mis, vous travaillez.

Le matin, quand vous entrez en classe, après que vous avez récité l'*Ave, Maria,* vous vous asseyez à votre place.

D. CHARLES! Le matin, entrés en classe et l'*Ave,
Maria*, récité, que faites-vous?

R.   Le matin, entrés en classe et l'*Ave,
Maria*, récité, nous nous asseyons
à notre place.

MES ÉLÈVES! Le briquetier fait les briques, les tuiles, les carreaux avec de l'argile.

D. CHARLES! Qui fait les briques?
R.   Le briquetier.

MES ÉLÈVES! Avec de l'argile le briquetier fait des
briques, des tuiles, des carreaux, etc.

D. CHARLES! Avec de l'argile, que fait le briquetier?
R.   Avec de l'argile le briquetier fait des
briques, des tuiles et des carreaux.

MES ÉLÈVES! Les fait avec de l'argile le briquetier
briques.

D. CHARLES! Cette proposition est-elle bien écrite?
R.   Non, Monsieur.
D.   Est-ce qu'on en comprend le sens?
R.   Non, Monsieur.

MES ÉLÈVES! On ne peut comprendre le sens de
cette proposition, parce que les
mots ne sont pas disposés à leur
place. Mettons-les à leur place de
différentes manières.

D. CHARLES! Avec de l'argile, qui fait des briques?

R. Avec de l'argile, le briquetier fait des briques.

D. Qui fait des briques avec de l'argile?

R. Le briquetier fait des briques avec de l'argile.

D. Les briques sont faites avec de l'argile par qui?

R. Les briques sont faites avec de l'argile par le briquetier.

D. Peut-on dire : les briques *est faite* avec de l'argile par le briquetier?

R. Non, Monsieur.

D. Au lieu du verbe *est faite*, que doit-on mettre?

R. On doit mettre : *sont faites*.

D. On doit mettre : *sont faites*, pourquoi?

R. Parce que les briques, c'est le pluriel.

CHARLES! mets cette proposition au singulier?

L'élève.

La brique est faite avec de l'argile par le briquetier.

CINQUIÈME DEGRÉ

PREMIÈRE LEÇON.

Lettres de demande.

Théme.

Mes élèves! — Vous avez perdu votre mouchoir.
Priez M. l'Econome de vous en
donner un autre.

Mes élèves! — Vous devez supposer avoir perdu
votre mouchoir jeudi, à la promenade, parce que
la poche de votre veste était déchirée.

Un moment avant de rentrer à la maison, vous met-
tez la main dans votre poche et vous sentez qu'elle
est vide.

Vous regardez dans vos autres poches, mais vous
n'y trouvez pas votre mouchoir.

Vous demandez à vos camarades s'ils vous l'ont pris ;
ils vous répondent que non.

Rentré à l'Institution, vous sollicitez du Surveillant
la permission d'aller chez M. l'Econome lui demander un mouchoir.

Le Surveillant vous la donne ; vous allez, mais l'Econome n'est pas chez lui.

Alors le Surveillant vous dit : Ecrivez sur une petite

feuille de papier que, pendant la promenade, vous avez perdu votre mouchoir, parce que la poche de votre veste est déchirée, et priez M. l'Econome de vous donner un autre mouchoir, puis saluez-le. Ensuite, pliez la feuille de papier, mettez-la dans une enveloppe et écrivez dessus : *A Monsieur, etc., etc.*, et donnez-la au portier, afin qu'il la remette à Monsieur l'Econome. De cette manière, vous aurez écrit une lettre.

Thème.

Mes élèves ! — Demandez à M. le Directeur un livre d'histoires, pour lire le soir, après souper.

Thème.

Mes élèves ! — Vous avez besoin d'un livre, mais vous n'avez pas d'argent pour l'acheter. Ecrivez à un de vos amis de vous prêter un franc.

Thème.

Mes élèves ! — Demandez à M. l'Econome un tricot de laine.

Thème.

Mes élèves ! — Vous avez été malades et vous vous

sentez encore faibles. Priez M. l'Econome de vous donner, à dîner, du bifteck et un verre de vin, pendant une quinzaine de jours.

Thème.

Mes élèves! — Priez votre Maître de vous raconter l'histoire de Moïse.

Thème.

Mes élèves! — Ecrivez à votre maman de vous envoyer du linge.

Thème.

Mes élèves! — Demandez à votre papa des nouvelles de la famille, et particulièrement de votre mère.

Thème.

Mes élèves! — Supposez que votre pays soit près près d'un fleuve. Demandez à votre frère si, à cause des pluies, les eaux sont sorties de leur lit, et si elles ont inondé la campagne.

Thème.

Mes élèves! — Dites à votre père qu'il y a long-temps qu'il ne vient plus vous voir. Priez-le de venir vite.

Thème.

Mes élèves! — Priez votre mère de venir à l'Insti-tution vous chercher pour vous conduire à la maison, et passer toute la seconde fête de Noël en famille.

Thème.

Mes élèves! — Demandez à un de vos camarades des nouvelles d'un ami malade.

Thème.

Mes élèves! — Supposez que vous avez un frère soldat. Ecrivez-lui une lettre et demandez-lui de ses nouvelles.

Thème.

Mes élèves! — Dites à votre père qu'on a pensé faire un cadeau à Monsieur le

Directeur le jour de sa fête. Priez-le de vous envoyer un peu d'argent pour contribuer à l'acheter.

DEUXIÈME LEÇON.

Lettres pour offrir un présent.

Thème.

Mes élèves ! — Ecrivez à votre père en lui envoyant, pour cadeau de Noël, un de vos ouvrages.

Mes élèves ! — Dans un mois, ce sera la fête de Noël.

Supposez que vous avez eu l'idée d'offrir à votre père un cadeau à l'occasion de la fête de Noël.

Dans votre tirelire, vous avez plus de 20 fr. Celui d'entre vous qui apprend l'état de tailleur demande à Monsieur le Directeur la permission d'acheter de l'étoffe pour faire un pantalon à son père; celui qui apprend à être cordonnier, du cuir pour une paire de souliers; celui qui veut être menuisier, du bois pour un cadre.

Monsieur le Directeur vous donne la permission; vous faites ce travail; la veille de Noël, vous l'envoyez à votre père avec une petite lettre où vous parlez du don que vous désirez lui offrir en ce jour, et de vos sentiments envers lui.

Thème.

Mes élèves ! — Écrivez à votre professeur, et priez-le d'agréer un panier de raisins de votre petite vigne.

Thème.

Mes élèves ! — Envoyez en cadeau à un de vos amis une bouteille de vin.

Thème.

Mes élèves ! — Offrez un tableau à votre mère, comme cadeau de fête.

Thème.

Mes élèves ! — C'est le dernier jour de l'an. Envoyez à un de vos amis un livre pour étrennes.

Thème.

Mes élèves ! — Vous avez eu la pensée d'offrir un petit travail à M. le Directeur, pour le jour de sa fête. Offrez-le lui par une lettre.

Thème.

Mes élèves! — Pour la fête d'un de vos bienfaiteurs, vous lui envoyez un bouquet de fleurs avec une lettre.

TROISIÉME LEÇON.

Lettres de remerciements.

Thème.

Mes élèves! — Remerciez votre père des nougats qu'il vous a envoyés la veille de Noël.

Mes élèves! — C'est la veille de Noël, et le portier vous donne une boîte contenant des nougats, don de votre père.

Le lendemain, vous en mangez avec vos camarades. et vous en conservez quelques-uns pour les jours suivants.

Maintenant, écrivez à votre père; remerciez-le de ce cadeau; dites-lui qu'il vous a été très agréable : expliquez comment il était; ajoutez que si vous n'aviez pas eu ce jour-là des nougats, il ne vous aurait pas semblé célébrer la fête de Noël, parce que vous savez que, le 25 décembre, tous en mangent.

Thème.

Mes élèves ! — Remerciez votre oncle, parce que, le jour de saint Étienne, il vous a emmenés dîner chez lui.

Thème.

Mes élèves ! — Ecrivez à votre mère pour la remercier des mouchoirs qu'elle vous a envoyés.

Thème.

Mes élèves ! — Monsieur le Directeur vous a fait cadeau d'un livre. Adressez-lui une lettre de remercîment.

Thème.

Mes élèves ! — Ecrivez à Monsieur le Directeur une petite lettre de remercîment pour la belle promenade qu'il vous a procurée.

Thème.

Mes élèves ! — Remerciez Monsieur N. N. de ce qu'il fait en faveur des Sourds-Muets.

Thème.

Mes élèves! — Remerciez votre professeur de vous avoir averti d'éviter la compagnie d'un mauvais camarade.

QUATRIÈME LEÇON.

Lettres de pardon et d'excuses.

Thème.

Mes élèves! — En essuyant la table de Monsieur le Directeur, vous avez cassé son encrier. Confessez-lui le dommage occasionné; dites-lui que vous le regrettez et que vous le lui payerez.

Mes élèves! — Supposez que vous avez cassé ce matin l'encrier de Monsieur le Directeur. Avant qu'il n'aille dans son cabinet, écrivez-lui une petite lettre et dites-lui :

1° Comment la chose est arrivée;

2° Le regret que vous en éprouvez;

3° Ce que vous auriez fait à ce moment-là;

4° Qu'il veuille bien vous dire le prix de l'encrier, parce que celui qui casse doit payer;

5° Demandez-lui pardon de votre étourderie.

Thème.

Mes élèves! — Vous vous êtes moqués d'un de vos camarades, vous vous en repentez, et vous lui écrivez pour lui demander pardon.

Thème.

Mes élèves! — Ecrivez, à un de vos camarades, une petite lettre d'excuses pour l'avoir frappé.

Thème.

Mes élèves! — Vous avez été jaloux d'un de vos camarades, parce qu'il a remporté un prix. Demandez-lui pardon de ce vice méprisable.

Thème.

Mes élèves! — Demandez pardon à Monsieur le Directeur de lui avoir désobéi.

Thème.

Mes élèves! — Vous avez mal reçu une observation de votre professeur, vous avez haussé les épaules ; après la classe, écrivez-lui une petite lettre pour lui demander pardon.

Thème.

Mes élèves ! — Il y a longtemps que vous n'avez pas écrit à votre mère. Demandez-lui pardon de ce retard.

Thème.

Mes élèves ! — Vous vous êtes mis en colère contre votre frère, parce qu'il vous adressa un reproche. Écrivez-lui une petite lettre d'excuses.

Thème.

Mes élèves ! — Supposez que, depuis longtemps, vous désobéissez à votre papa. Maintenant, vous vous en repentez, et vous lui écrivez pour lui demander pardon.

Thème.

Mes élèves ! — Pendant les vacances d'automne, vous n'êtes jamais allés voir un de vos oncles qui vous aime beaucoup. Demandez-lui en pardon.

Thème.

Mes élèves! — Supposez que, durant l'année scolaire, vous n'avez pas étudié avec suite et intérêt; que vous avez mal passé vos examens, et que Monsieur le Président vous a adressé des reproches. Demandez-lui en pardon, et dites-lui ce que vous voulez faire à l'avenir.

CINQUIÈME LEÇON.

Lettres d'invitation.

Thème.

Mes élèves! — Supposez que Monseigneur l'Archevêque vienne à l'Institution pour donner le sacrement de Confirmation. Invitez vos parents à assister à la cérémonie.

Mes élèves! — Dans les lettres d'invitation, on doit exposer d'abord le motif pour lequel on fait l'invitation; on doit indiquer la fête, le dîner, le plaisir qu'on veut donner, en ajoutant les raisons qui peuvent le mieux attirer la personne qu'on invite. Dans cette lettre, vous devez donc dire ce qu'on fera à l'Institution en cette circonstance.; qui y viendra, et le contentement que vous éprouverez de vous trouver auprès de vos parents au moment où le Saint-Esprit descendra dans vos âmes.

Thème.

Mes élèves! — Dans l'Institution, on représentera une petite pièce. Invitez vos parents à venir y assister.

Thème.

Mes élèves! — Supposez qu'un prestidigitateur vienne à l'Institution. Invitez vos parents à venir assister aux jeux qu'il fera.

Thème.

Mes élèves! — Supposez que, cette année, votre pays désire solenniser avec une pompe extraordinaire son saint Patron; invitez un de vos amis à cette fête.

Thème.

Mes élèves! — Invitez un ami à dîner avec vous.

Thème.

Mes élèves! — Invitez un de vos amis à faire une course dans un site délicieux.

Thème.

Mes élèves! — Priez vos parents de venir assister aux examens publics de l'Institution.

SIXIÈME LEÇON.

Lettres d'avis ou de renseignements.

Thème.

Mes élèves! — Supposez que vous avez passé vos derniers examens. Ecrivez à votre père, et dites-lui quel en a été le résultat?

Mes chers élèves! — En développant ce thème, après avoir annoncé à votre père que vous avez passé les derniers examens, dites-lui :

1° Que depuis longtemps vous pensiez aux derniers examens.

2° Ce que vous éprouviez avant de vous présenter au public.

3° Ce qu'on a fait ou ce que vous avez fait pour calmer votre agitation.

4° Sur quoi vous avez été examiné, c'est-à-dire quelle composition on vous a donnée et quelles questions on vous a faites.

5° Comment vous avez répondu aux questions, et comment vous avez fait composition écrite.

6° Si vous dites que le résultat a été bon, ajoutez ce que vous avez fait après, et ce que vous avez éprouvé.

Thème.

Mes élèves! — Supposez que Monsieur le Préfet soit venu dans l'Institution et vous ait fait un cadeau; racontez cette visite à votre père.

Thème.

Mes élèves! — Annoncez à un de vos amis la maladie d'un compagnon de collège.

Thème.

Mes élèves! — Annoncez à vos parents la mort d'un de vos condisciples et amis.

Thème.

Mes élèves! — Supposez que vous vous trouviez depuis un mois dans un magasin, et que vous y êtes contents, donnez cette nouvelle à votre père.

Thème.

Mes élèves! — Vous avez eu la grêle dans votre pays. Ecrivez à votre professeur le dommage qu'elle a occasionné, et dites-lui en quel état elle a réduit votre famille.

Thème.

Mes élèves! — Annoncez à l'un de vos amis un malheur arrivé à votre famille.

Thème.

Mes élèves! — Annoncez à un de vos amis le mariage de l'un de vos frères.

Thème.

Mes élèves! — Supposez avoir fait une moisson

abondante ; donnez cette nouvelle à un de vos oncles.

Thème.

Mes élèves ! — Supposez que vous soyez maladifs et que vous ayez également besoin de travailler. Ecrivez à un de vos amis, et parlez-lui de vos souffrances.

Thème.

Mes élèves ! — Supposez qu'un de vos amis ait perdu sa mère. Ecrivez-lui une lettre de condoléance.

Thème.

Mes élèves ! — Un de vos condisciples reçut aux examens le premier prix. Réjouissez-vous avec lui ; dites-lui que, bien qu'il ait terminé son instruction, il doit persévérer dans l'amour de l'étude.

Thème.

Mes élèves ! — Un de vos condisciples ayant terminé son instruction, a fait un meuble, et l'a offert à Monsieur le Président de l'Institution. Louez-le de son attention délicate.

Thème.

Mes élèves! — Vous avez su qu'un de vos condisciples est devenu maître de magasin. Réjouissez-vous avec lui de cela, et souhaitez-lui fortune.

SEPTIÈME LEÇON.

Lettres de reproche.

Thème.

Mes élèves! — Vous avez un frère qui manque de respect à votre maman. Faites-lui connaître, par une petite lettre, le grand mal qu'il fait.

Mes élèves! — Désobéir à son père et à sa mère, leur manquer de respect, savez-vous que c'est un bien grand mal, parce qu'ils représentent Dieu. Nous sommes élevés par notre père et notre mère; et quel amour la mère ne ressent-elle pas pour ses enfants. Comme elle se fatigue et souffre afin qu'ils se fortifient et soient bien élevés.

Quand nous venons au monde, qui nous nourrit? qui pourvoit à nos besoins? la mère; donc nous devons grandement aimer et respecter notre mère.

Ceux qui n'aiment pas leur mère, qui la font pleurer, ont certainement un cœur dur; ils méritent d'être évités des hommes et abandonnés de Dieu.

En écrivant cette lettre, dites à votre frère le grand mal qu'il fait en manquant de respect à sa mère; dites-lui pourquoi le mal est grave. Dieu punit dès ici-bas les enfants qui n'observent pas le quatrième commandement de Dieu; qu'en sera-t-il donc de lui.

Concluez en le conjurant de ne plus contrister votre mère, d'être un enfant respectueux, s'il veut être béni de Dieu et estimé des hommes.

Thème.

Mes élèves! — Grondez un de vos frères parce qu'il dépense en plaisirs tout ce qu'il gagne et ne pense pas à secourir vos parents.

Thème.

Mes élèves! — Supposez que vous ayez un frère soldat, qui ne vous écrit plus depuis longtemps, ni à aucune personne de votre famille. Faites-lui comprendre le chagrin que cause son silence et ce qu'on pense de lui.

Thème.

Mes élèves! — Supposez avoir au collège un frère sourd-muet qui se conduit mal. Ecrivez-lui une lettre de reproches.

Thème.

Mes élèves! — Vous avez une sœur ambitieuse, et qui n'aime pas du tout à rester chez elle. Blâmez-la de vivre de cette manière.

Thème.

Mes elèves! — Supposez qu'un de vos cousins, par sa mauvaise conduite, ait été chassé d'un magasin où il travaillait. Faites-lui savoir la douleur qu'en éprouvent ses parents.

Thème.

Mes élèves! — Vous avez prêté 5 fr. à un ami, qui n'en finit pas de vous les restituer. Demandez-les lui et plaignez-vous de ce retard.

HUITIÈME LEÇON.

Lettres de conseil.

Mes élèves! — Un de vos amis veut venir travailler en ville. Conseillez-lui de rester dans son pays, et dites-lui en les raisons.

Mes élèves! — Un pauvre Sourd-Muet de la campagne qui laisse sa famille et vient travailler en ville fait très mal. En ville, il gagnera davantage que dans son village; mais il lui sera difficile de mettre de côté quelque chose, parce que la nourriture, le logement et l'habillement coûtent plus qu'à la campagne.

Ce n'est pas tout : En ville, il y a des dangers, et les dangers sont plus graves et plus nombreux pour le Sourd-Muet que pour le jeune homme entendant; la raison en est que le Sourd-Muet ne sait pas bien distinguer les choses vraies des fausses.

Il connaît très peu la malice des hommes, et, facilement il se laisse aller au péché.

Dans la ville, les magasins où les ouvriers soient bons et honnêtes sont rares. Généralement, les jeunes gens pieux sont tournés en dérision par leurs compagnons. Si, de plus, ces jeunes gens sont infirmes, on ne leur laisse aucun repos, ils sont sans cesse raillés et maltraités.

Ce n'est pas tout : Dans les magasins de la ville, on enseigne aussi le mal.

Pour se conserver bon, il faut beaucoup de vertu, car on perd facilement la vertu au contact des méchants.

Ceux-ci, quand ils voient un pauvre Sourd-Muet, pensent aussitôt à l'entraîner au mal, et pour cela, le trompent; il les écoute parce qu'il est sans expérience, il les suit; puis il ne sait plus se détacher d'eux, il se corrompt, il devient un Sourd-Muet vicieux.

Voilà les raisons que vous pourrez donner dans la lettre que vous allez écrire, afin que votre ami écoute votre conseil et reste au village près de sa famille.

Thème.

Mes élèves! — Un de vos condisciples, ayant fini son instruction, ne veut plus faire le métier qu'il a appris à l'Institution ; conseillez-lui de ne pas faire cela.

Thème.

Mes élèves! — Vous avez une sœur qui s'est rendue à la ville pour servir une dame ; recommandez-lui de bien se conduire, et donnez-lui quelques bons conseils.

TABLE DES MATIÈRES

PREMIER COURS.

PREMIER DEGRÉ.

DEUXIÈME DEGRÉ.

CINQUIÈME DEGRÉ.

SIXIÈME DEGRÉ.

DEUXIÈME COURS.

PREMIER DEGRÉ.

DEUXIÈME DEGRÉ.

TROISIÈME DEGRÉ.

CINQUIÈME DEGRÉ.

CURRIÈRE
Imprimerie de l'Institution
des Sourds-Muets